一小时图说古文明

一小时图说古文明

THE MAGNIFICENT BOOK OF TREASURES VIKINGS

我的第一本维京启蒙书

[英]斯特拉·考德威尔 著

[阿根廷]尤金妮娅·诺巴蒂 绘

陈丁力 译

中国画报出版社·北京

图书在版编目（CIP）数据

我的第一本维京启蒙书 /（英）斯特拉·考德威尔著；（阿根廷）尤金妮娅·诺巴蒂绘；陈丁力译. -- 北京：中国画报出版社，2023.11

（一小时图说古文明）

书名原文：The Magnificent Book of Treasures: VIKINGS

ISBN 978-7-5146-2294-2

Ⅰ.①我… Ⅱ.①斯… ②尤… ③陈… Ⅲ.①北欧—中世纪史—儿童读物 Ⅳ.①K530.9

中国国家版本馆CIP数据核字(2023)第203540号

Copyright © Weldon Owen Children's Books
Simplified Chinese right arranged through Copyright Agency of China Ltd.
本书中文简体版专有出版权经由中华版权代理有限公司授予中国画报出版社有限公司

北京市版权局著作权合同登记号：01-2023-3847

我的第一本维京启蒙书

[英] 斯特拉·考德威尔 著　　[阿根廷] 尤金妮娅·诺巴蒂 绘　　陈丁力 译

出 版 人：方允仲
责任编辑：王韵如
内文排版：郭廷欢
责任印制：焦　洋

出版发行：中国画报出版社
地　　址：中国北京市海淀区车公庄西路33号　邮　编：100048
发 行 部：010-88417418　010-68414683（传真）
总编室兼传真：010-88417359　版权部：010-88417359

开　　本：16开（889mm×1194mm）
印　　张：5.25
字　　数：27千字
版　　次：2023年11月第1版　2023年11月第1次印刷
印　　刷：北京汇瑞嘉合文化发展有限公司
书　　号：ISBN 978-7-5146-2294-2
定　　价：89.00元

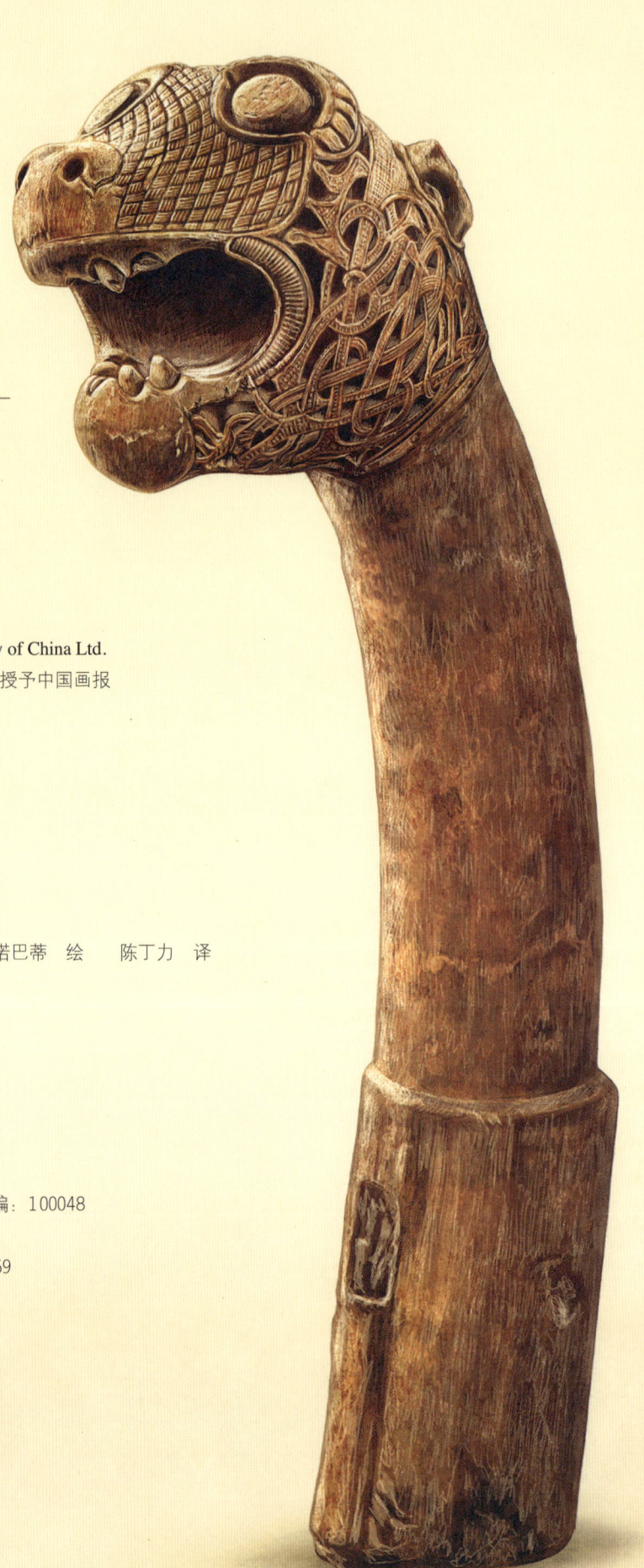

前 言

  一千多年前，维京人从斯堪的纳维亚半岛扬帆起航，寻觅荣耀与新大陆。他们会讲故事、会做生意，更是技艺高超的匠人。他们当中的木匠打造出一艘艘速度快、流线型的航船，铁匠锻造出一件件瑰丽的珠宝、精良的武器，纺织工织造出华美的服饰。

  翻开本书，一个航海民族的神秘面纱缓缓掀开，一段激动人心的旅程徐徐展开。书中精致的长船令你惊叹不已，令你情不自禁想象自己航行在惊涛骇浪中的模样；你将遇到戈尔姆大帝，感受他的斗士之勇、神兽之猛及王者之尊；你还将了解至高无上的众神之王奥丁、生育女神弗雷娅，以及会飞的女武神瓦尔基里。

  这本书将带你走进维京普通人的家庭，了解他们的生活，一探鹿角梳、孩童木制玩具的究竟；解密为何维京富人的墓葬中既有珍宝和兵器，又有一般的家居用品；还有雷神的魔法之锤、精雕细琢的龙头像，以及一双保存完好的皮靴，每一件都让你叹为观止。

  让我们跟随时光倒流，一起去探索有史以来最瑰丽的维京珍宝！

目 录

亡者之船	8	青铜风向标	28
巨狼	10	墓碑石	30
雷神之锤	12	雷神雕像	32
士兵的头盔	14	基督十字架吊坠	34
古老的纺织品	16	鹿角梳	36
木制马车	18	儿童玩具	38
女武神雕像	20	石龙	40
献给女王的礼物	22	咆哮的野兽木雕	42
带装饰的勺子	24	维京无名氏头像	44
琥珀国王	26	首领的织物	46

鱼尾项链	48	盒形胸针	66
幸运符戒指	50	商人的砝码	68
刻有铭文的宝剑	52	金色女神	70
银器宝库	54	墓葬中的雪橇	72
雪地靴	56	众神之王雕像	74
国王的杯子	58	前往英灵殿的坐骑	76
墓碑上的武士雕像	60	首领的斧头	78
宴会用壶	62		
青铜钥匙	64	附录：术语表	80

亡者之船

富有的维京贵族有时会被葬在船上,因为维京人认为船会将他们平安送达极乐世界。这艘船上有两副女性骸骨,还有衣物、雪橇、家具、挂毯和厨具等值钱的东西。

这艘船是在一个土葬堆中发现的。潮湿的环境让木材更容易腐烂,沉重的泥土和石头把这艘船压得支离破碎,专家们耗时多年才将它重新组装起来。

船的两端以动物雕刻装饰,船首是盘旋的蛇头,船尾则是扭曲的蛇尾。维京人常把蛇头或者龙头的雕刻悬挂在船上,用来吓退敌人。

小档案

出土于: 挪威滕斯贝格附近的奥塞贝格号船葬
现藏于: 挪威奥斯陆的维京船博物馆
年　代: 公元820年
材　质: 橡木、松木
尺　寸: 长21.5米

船上发现了15副桨,说明这艘船可容纳30名桨手,但船桨几乎没有使用过的痕迹,估计是为葬在船上的两名女性制作的。

挂帆的高杆是船的桅杆,维京人依靠帆船远渡重洋。在风和日丽的天气或沿海岸、河流航行时,船会降下桅杆,靠人力划桨前进。

有些时候,与维京主人一同陪葬的还有牲口甚至奴仆。这艘船上就有15匹马、6条狗和两头奶牛的遗骸。

维京人是经验丰富的船匠和水手。他们打造出轻便的木制长船,搭载士兵、商人和探险家快速漂洋过海。图中的长船是有史以来保存最完好的维京文物之一。

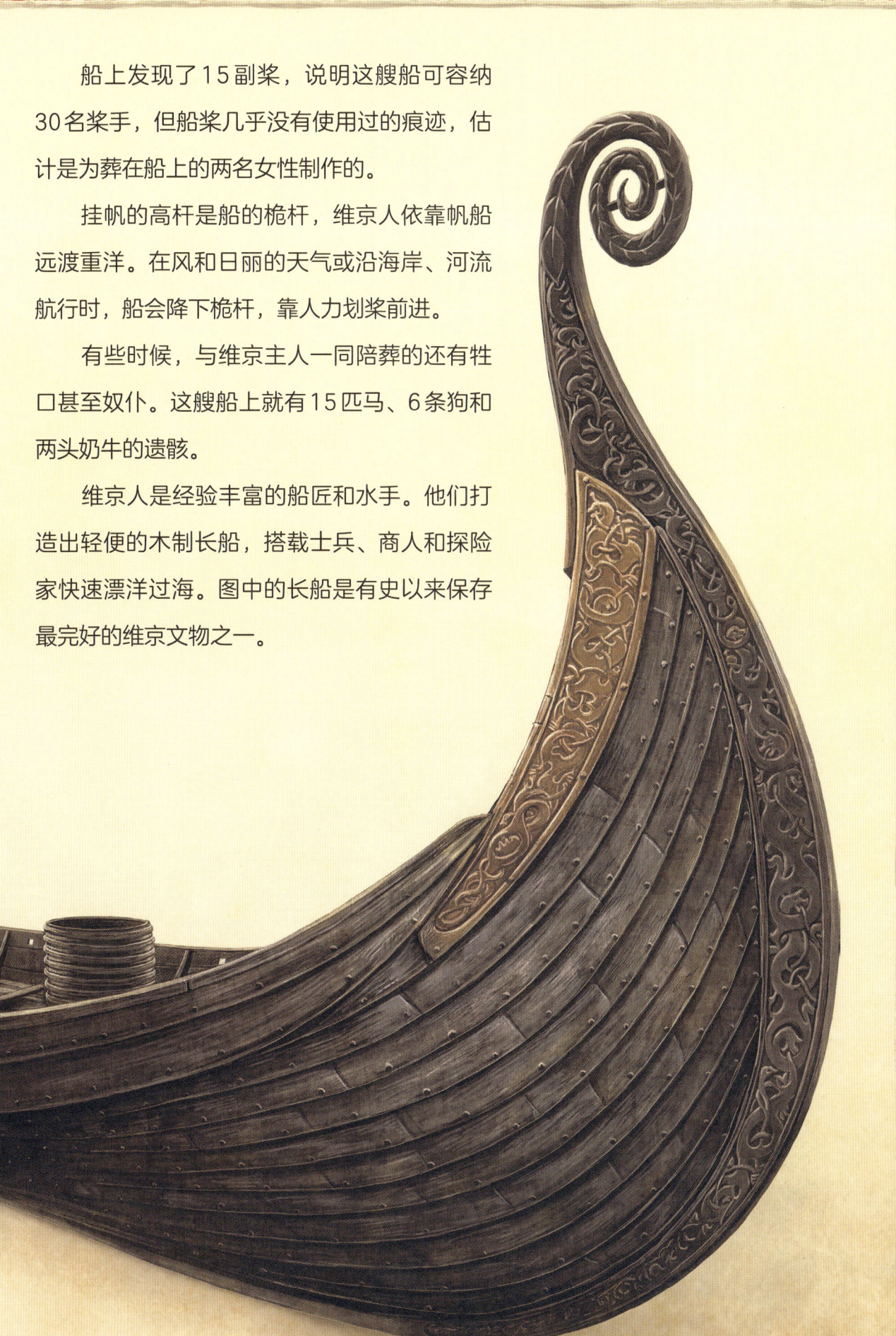

巨狼

这块符文石纪念的是一个叫乌尔弗的人。他的名字在古诺尔斯语中是"狼"的意思。在乌尔弗家人的心目中，他始终是一位勇猛果敢的战士。

一条刻有符文的蛇盘绕在这块石头的边缘。符文字母表包含16个基本字母，分别由直线或曲线构成。

人们认为这匹狼和这艘船的图案描述了神话拉格纳罗克的一部分。拉格纳罗克意为"诸神的黄昏"。维京人认为，那一天到来之时，巨狼芬里尔会把神王奥丁吞噬，相当可怖。

此前，来自古代的符文石并非如今天这般受重视。维京时代过后，人们不时地会用符文石来建城墙和铺马路。这块符文石是400年前在一座古老教堂的墙壁上发现的。

刻在石头上的船叫作纳吉尔法号。这艘船的可怕之处在于，神话称它是由死人的脚指甲和手指甲制成的，维京人认为这艘船会满载着怪物加入对抗众神的终极之战。

船上方一个个圆圈代表士兵的圆形盾牌。维京人使用的盾牌为木制，盾牌中间有一个圆形的铁"凸头"，其后是用来握紧盾牌的把手。

小档案

出土于：瑞典斯科恩县塔尔斯托普
现藏于：瑞典斯科恩县塔尔斯托普
年　代：约公元1000年
材　质：花岗岩
尺　寸：高1.7米、宽1.35米

雷神之锤

这是一个以雷神索尔的魔法锤为造型的小吊坠。维京人对索尔与巨人、巨魔和猛蛇战斗的各种故事津津乐道。传说中索尔威力无比的神锤可以粉碎怪物，夷平群山。

在维京人的信仰中，众神与女神统治着整个宇宙。索尔是其中一位最重要也最强大的神。

雷神之锤是由侏儒兄弟打造的。俩人埋头干活时，顽皮的洛基[1]假扮成一只苍蝇，在他们头上嗡嗡作响，分散了两兄弟的注意力，导致锤子的手柄做得过于短小。

这枚吊坠上的黄金和白银并非产于当地，而是珠宝商通过熔化来自其他地区的硬币和珍宝得到的贵金属，这些金银财宝往往是维京人靠掠夺得来的。

把吊坠穿在项链上就可以当作幸运符佩戴。佩戴这种幸运符的维京人或许是即将要上战场，或许要在波涛汹涌的海上航行，于是祈求索尔的庇佑。

雷神之锤又被称为妙尔尼尔，意为"闪电"。维京人认为，每当索尔将锤子扔向大地，就会引起闪电。而锤子又总能像回旋镖一样飞回到他的手中。

---

1 洛基，北欧神话中的水与诡计之神，也是谎言之神。

小档案

出土于： 瑞典东约特兰省厄德斯赫格市
现藏于： 瑞典斯德哥尔摩的瑞典历史博物馆
年　代： 公元900—1000年
材　质： 黄金、白银
尺　寸： 高6.5厘米、宽4厘米

士兵的头盔

这顶头盔的主人是一位地位较高又有钱的士兵。头盔的内衬是羊毛和皮革，可以保护头部免受伤害，铁制面罩可以保护眼睛和鼻子，后头的铁片则可以护住颈部。

这是维京时代仅存的两顶头盔之一，出土于一座墓葬，发现时已碎成9块，亟须修复。

维京的士兵没有统一的制服，他们各穿各的，各自配备武器。除了佩戴头盔外，他们还会穿软垫皮夹克或链甲衫来保护身躯，并手持圆形木制盾牌来抵御锋利的矛、剑或箭的攻击。

只有那些极其富有的维京士兵才有钱买铁头盔，这也是这种头盔极少出土的原因。大多数士兵只能戴厚实皮革做的帽子。

这顶头盔旁还出土了许多其他宝贝，包括链甲衫、兵器、骰子与棋盘、雪橇和马镫。维京人认为，战士阵亡后，在另一个世界会需要这些东西。

有些维京人会佩戴有角的头盔，但这种说法只存在于神话中，因为从来没有出土过类似的头盔。

小档案

出土于： 挪威海于格松附近的杰尔蒙布农场
现藏于： 挪威奥斯陆的文化历史博物馆
年　代： 公元950—1000年
材　质： 铁
尺　寸： 宽21厘米

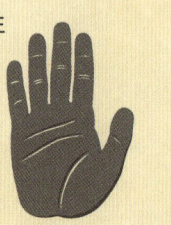

古老的纺织品

在这个热闹非凡的场景中，一队人马正从右向左游行，画面中有房子，还有一艘坐着6个人的船。这幅壁挂或者说是挂毯是迄今为止发现的最古老的纺织品之一。

一同出土的还有另外4幅类似的挂毯，上面都标示着基督教与北欧神话相融合的符号。

不少考古学家认为，这幅挂毯所展示的是拉格纳罗克的场景，即世界末日那场规模宏大的正邪之战。在这场战役中，众神与怪物激烈搏斗，整个宇宙几近毁灭。

这幅挂毯是由织布机织成的。挂毯的其中一些部位较其他地方织得更加均匀，说明这件作品是由多名织工共同完成的。

1909年，在一座旧教堂旁边的棚屋里，一位艺术家在积灰的地板上发现了这条挂毯。专家们将挂毯清理干净后，才意识到这一发现的意义何等重大。

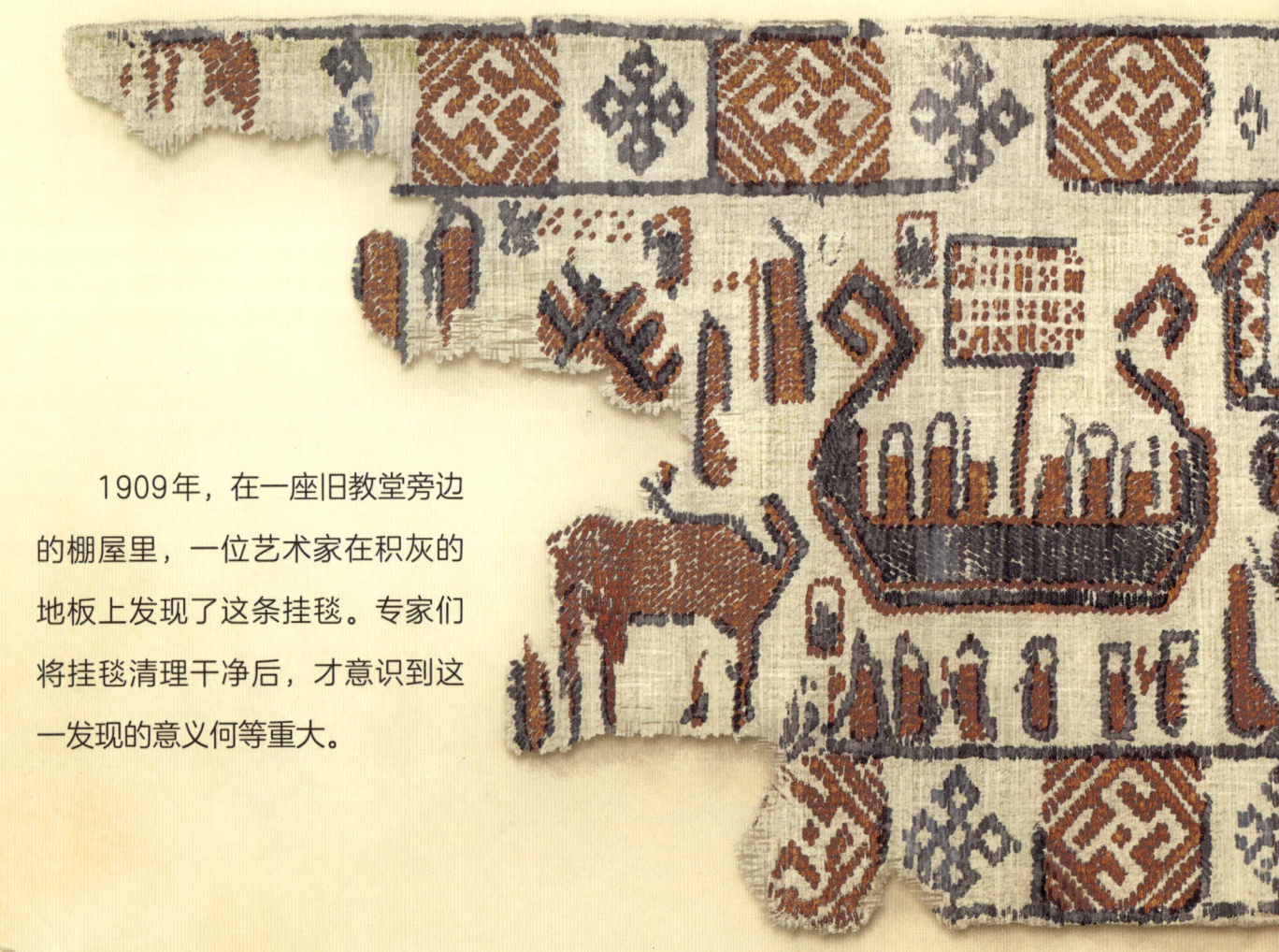

图中的巨树或许代表着"世界树"尤克特拉希尔。维京人认为，这棵高大的白蜡树支撑着世界的九界。一条凶残的龙尼德霍格正自下而上啃食着"世界树"的根。

曾几何时，这条挂毯是那样的鲜艳夺目。它的色彩来自植物染料：蓝色提取自菘蓝植物，红色提取自茜草根，黄色提取自黄木樨草。

小档案

出土于：瑞典海尔耶达伦厄韦霍达尔教堂
现藏于：瑞典厄斯特松德的耶姆特兰博物馆
年　代：公元1040—1170年
材　质：亚麻、羊毛、植物染料
尺　寸：长67厘米、高24.5厘米

木制马车

这辆精美的马车出土于挪威著名的奥塞贝格号墓葬船上。实木做的轮子并不适合长途行驶,因此它有可能是用于宗教仪式,也可能是用来运送出殡的队伍,又或是搭载某位贵妇往返港口。

这是迄今为止唯一一辆保存完整的维京时代马车。或许是为了方便装上船,车子被做成了可拆卸的。

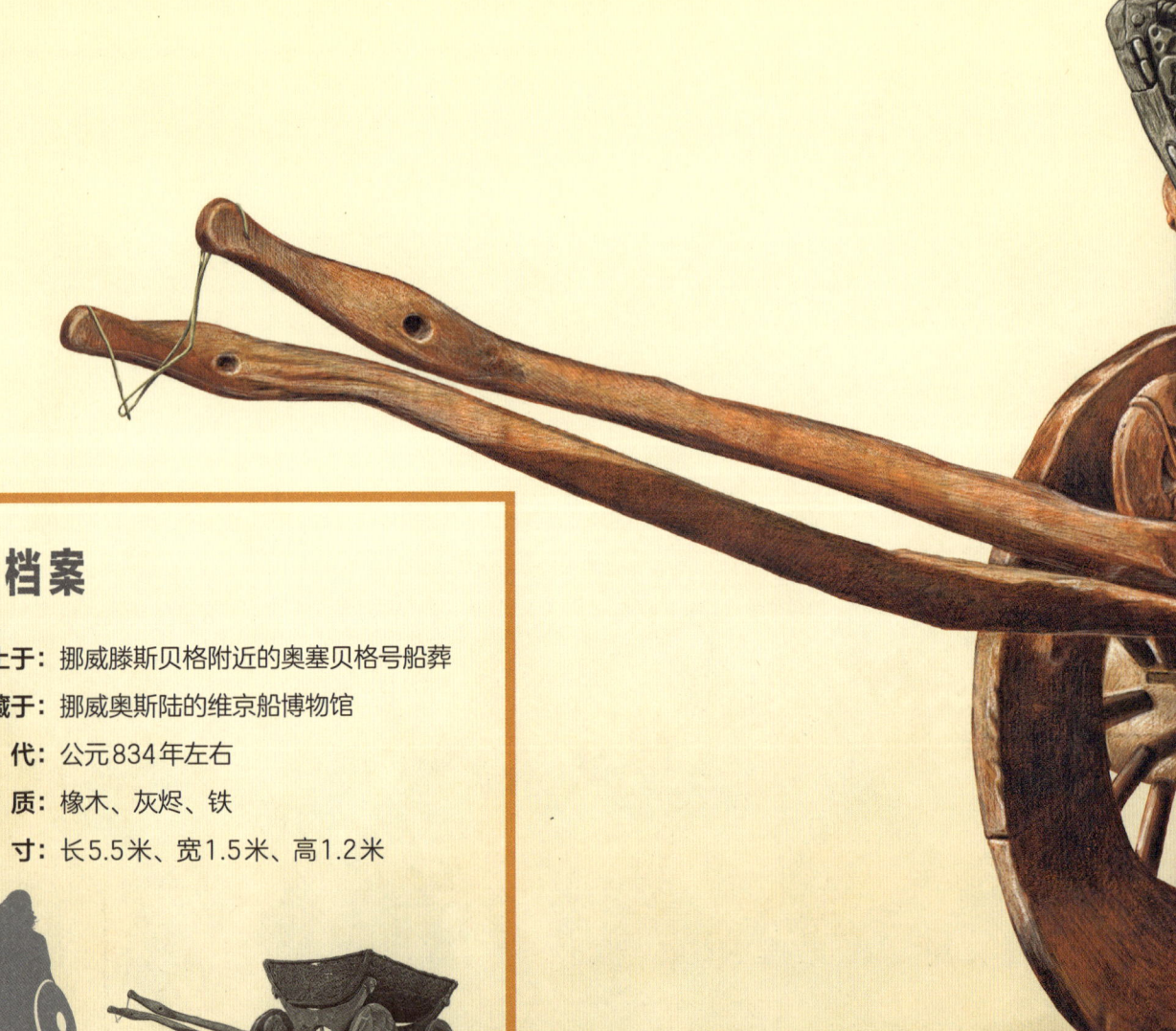

小档案

出土于: 挪威滕斯贝格附近的奥塞贝格号船葬
现藏于: 挪威奥斯陆的维京船博物馆
年　代: 公元834年左右
材　质: 橡木、灰烬、铁
尺　寸: 长5.5米、宽1.5米、高1.2米

车身上的雕刻展示的是维京神话中的场景。朝前的一面刻着一个被扭动的蛇群袭击的人物。这个人可能是贡纳尔，他拒绝透露自己藏宝的地方，因而被扔到了蛇坑里。

　　马车的另一面雕刻的是几只猫和一个女人，有可能是代表生育女神弗雷娅。因为在神话中，弗雷娅就是驾着一辆由两只猫拉动的战车。

　　车身还装饰着四个蓄有大胡子的男人头像。维京人会用胡子给自己起名，第一位统治英格兰的维京国王就叫作"八字胡王"斯韦恩。

女武神雕像

这尊人像如拇指般大小,有专家认为它看起来像是被称为女武神的女战士。

在维京神话中,女武神会收集在战场上牺牲的士兵的灵魂,并将它们带回"英灵殿"瓦尔哈拉,神王奥丁将在那里迎接它们。

这尊人像手持短剑和圆盾,以保护自己免受敌人的攻击。

女武神的小腿和脚已经不见了,应该是有人将它们切掉熔化,重新做成更有价值的珠宝。

她梳着一头马尾辫。

已出土的各种女武神的雕像大都是扁平的,这一个却是立体的。

有的传说称女武神是骑着马匹上战场的,而在另一些传说中,她们依靠魔法斗篷快速飞越天空。

雕像所穿为印花长裙。维京妇女通常穿着齐踝的"内裙",外面罩着一条较短的"外裙"。外裙有类似围裙一样的带子,由两枚胸针固定。

小档案

出土于:丹麦哈比
现藏于:丹麦哥本哈根的丹麦国家博物馆
年　代:约公元800年
材　质:白银、乌银
尺　寸:高3.4厘米

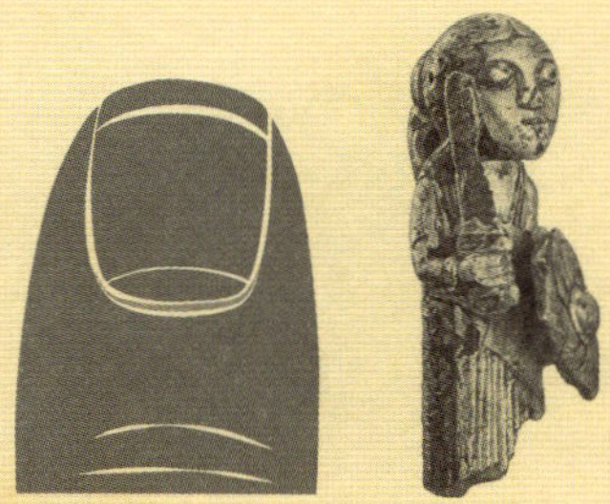

献给女王的礼物

　　这只精美的盒子的主人是德国女王库尼贡德，她嫁给了神圣罗马帝国皇帝亨利二世。也许是一位来自丹麦的维京旅人将这个盒子带到德国，作为一份特殊的礼物送给了这对皇室伉俪。

　　盒子上有一个基督十字架，还有维京传说中的符号。这一时期的许多物品都会展现《圣经》及维京神话中的场景。

　　作为一个价值连城的珠宝盒，它将主人的财富与地位彰显得淋漓尽致。

　　橡木做的盒子上嵌有海象牙雕刻而成的薄片。维京人在格陵兰岛和北极北部猎杀海象，以获取其皮毛和珍贵的象牙。海象皮可以做成绳子，海象牙可以用来雕刻。

　　维京人经常会用现实中及自己想象出来的动物去装饰他们的工具、兵器和珠宝。宝盒上旋涡状的图案就是各种各样奇形怪状的生物。

　　这个盒子的设计风格被称为马门风格，源自于丹麦马门出土的一把斧头，斧头上有着类似的设计，因而得名。

小档案

出土于：德国班贝格
现藏于：德国慕尼黑的巴伐利亚国家博物馆
年　代：约公元1000年
材　质：橡木、海象牙、铜、铁、水晶
尺　寸：高13.3厘米

带装饰的勺子

　　这把带装饰的勺子是用鹿角雕琢而成的。维京人会用不同类型的动物骨头来制作各类物品。考古学家发现了骨制的梳子、乐器、骰子和溜冰鞋。

　　维京人不用叉子吃东西,而是用勺子和刀子,或者直接用手抓。食材在煮熟之前应该就被切碎了,因为这样更容易入口。

　　维京人吃得比较多的是肉、鱼和卷心菜,还有韭菜这类叶菜。他们一般用锅来煮食,就跟我们今天吃的炖菜一样。

　　勺子通常用骨头或木头做成。富人用的勺子可能由铜或银这些更昂贵的材料制成。维京人用的大多是马鹿的鹿角。斯堪的纳维亚半岛北部的维京人还会用驯鹿和麋鹿的鹿角。

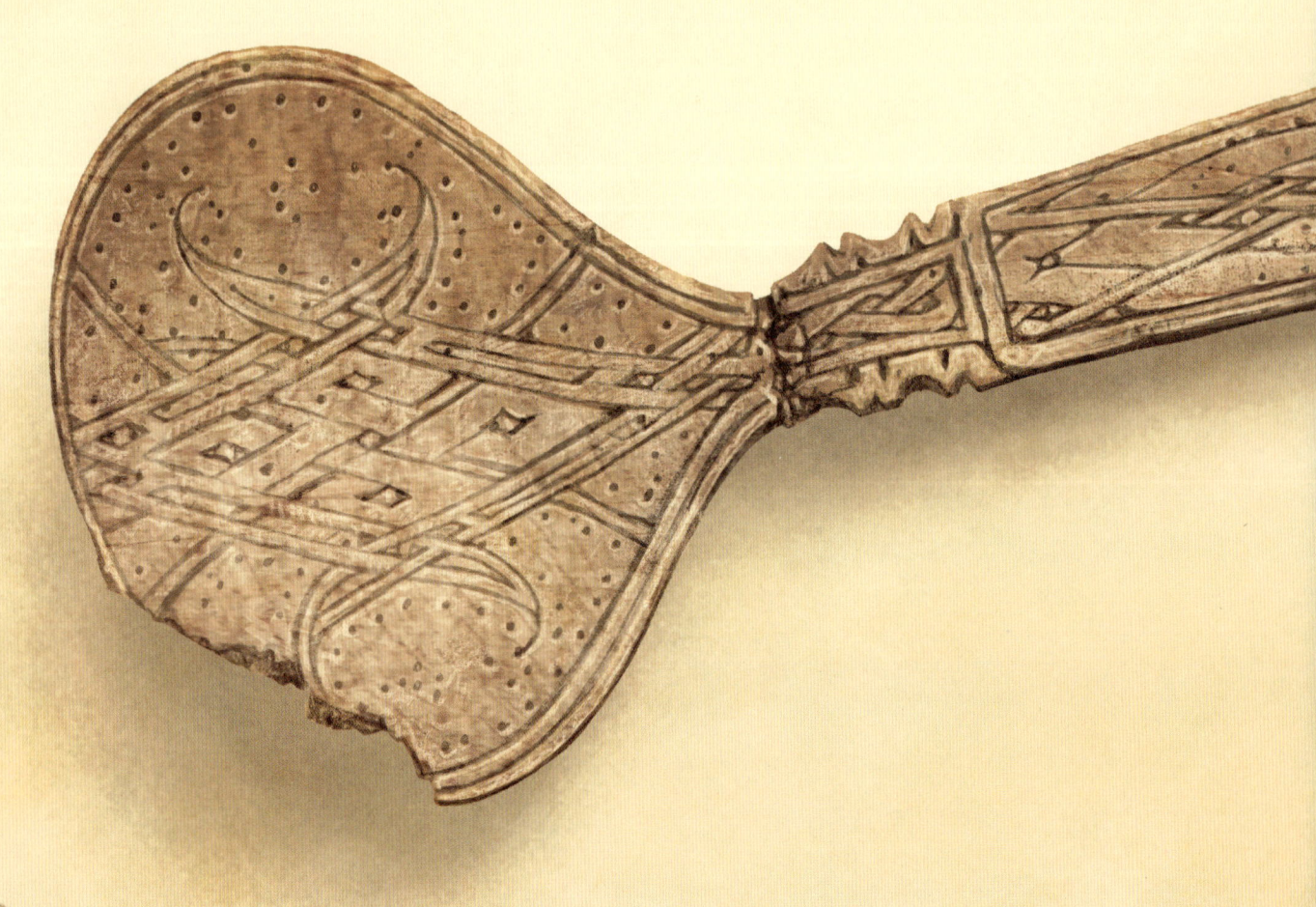

维京人普遍都是农民，因此牛、羊和马等动物的骨头随处可见。骨制品成本低廉，制作也不需要熟手工，除非是像这种带有装饰的勺子。

维京人会用鲸鱼骨来制作特定的物品，譬如光滑的平板，它可以用来熨平衣物上的褶皱。他们会猎捕鲸鱼，但风险系数比较高，因此他们使用的鲸鱼骨往往来自搁浅的鲸鱼。

小档案

出土于： 瑞典乌普兰省阿德尔索比约雪岛
现藏于： 瑞典斯德哥尔摩的瑞典历史博物馆
年　代： 公元793—1100年
材　质： 鹿角
尺　寸： 长14厘米、宽3.9厘米

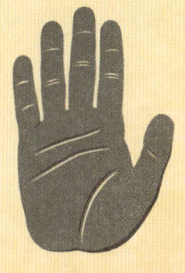

琥珀国王

这枚精雕细琢的琥珀人像其实是棋盘游戏里的一颗棋子。

这颗棋子所代表的有可能是维京人热衷的游戏板棋里的国王。板棋是一种棋类游戏，规则是拥有16颗棋子的一方要从拥有8颗棋子的对家手中捉拿国王。

有专家认为，这颗棋子象征着维京的成长与生育之神弗雷。他的胞妹是生育女神弗雷娅。人们祈求弗雷祝福他们的婚姻，并赐予他们健康的孩子。到了春天，农民们又会向弗雷祈求丰收。

棋子由松树树脂的化石琥珀制成。维京人相当珍视这种明亮的红金色物质，他们会用它来制作各种珠子、吊坠和护身符。

这颗棋子上雕刻的是一个抚着长胡须的男性形象。维京人很注重自己的仪表，因为他们很爱干净。

并非所有的棋类游戏的棋子用料都如此贵重。维京的平民会用碎掉的陶器或骨头来制作简单的筹码，再把棋盘刻在木头或石头上。

小档案

出土于： 丹麦罗霍尔特
现藏于： 丹麦哥本哈根的丹麦国家博物馆
年　代： 公元900—1100年
材　质： 琥珀
尺　寸： 高约5厘米

青铜风向标

　　这枚闪闪发亮的风向标原本悬挂在一艘维京船的船头。顶端的狮子总是朝着风吹往的方向，水手们依靠它来辨别风向。

　　维京人个个是出色的水手。他们没有指路的海图或指南针，而是通过观察太阳、月亮和星星的位置，并依靠自身对各种海风及海洋生物的了解，穿越波涛汹涌的大洋，从而到达遥远的大陆。

　　经历了风雨和岁月的洗礼，这枚金属制的风向标的某些部分已出现磨损。

　　风向标上雕刻着一条长着翅膀的龙。在维京神话中，龙的外形凶猛，它是力量与毁灭的象征。

小档案

出土于： 瑞典瑟德港
现藏于： 瑞典斯德哥尔摩的瑞典历史博物馆
年　代： 公元1050年
材　质： 镀金铜
尺　寸： 高23厘米、宽34.5厘米

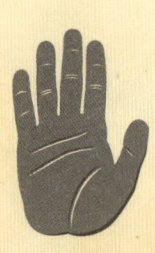 

风向标上的这条龙正与狼和蛇展开搏斗。狼从左边咬住了龙的脚，长蛇则从右边箍紧龙的身躯。

这枚风向标是在瑞典一座教堂的尖顶上发现的，但专家们无法确定它是在哪里制造的。其中部分细节与瑞典维京人的物品相似，但龙头和翅膀看起来又有点像产于英国和爱尔兰的维京艺术品。

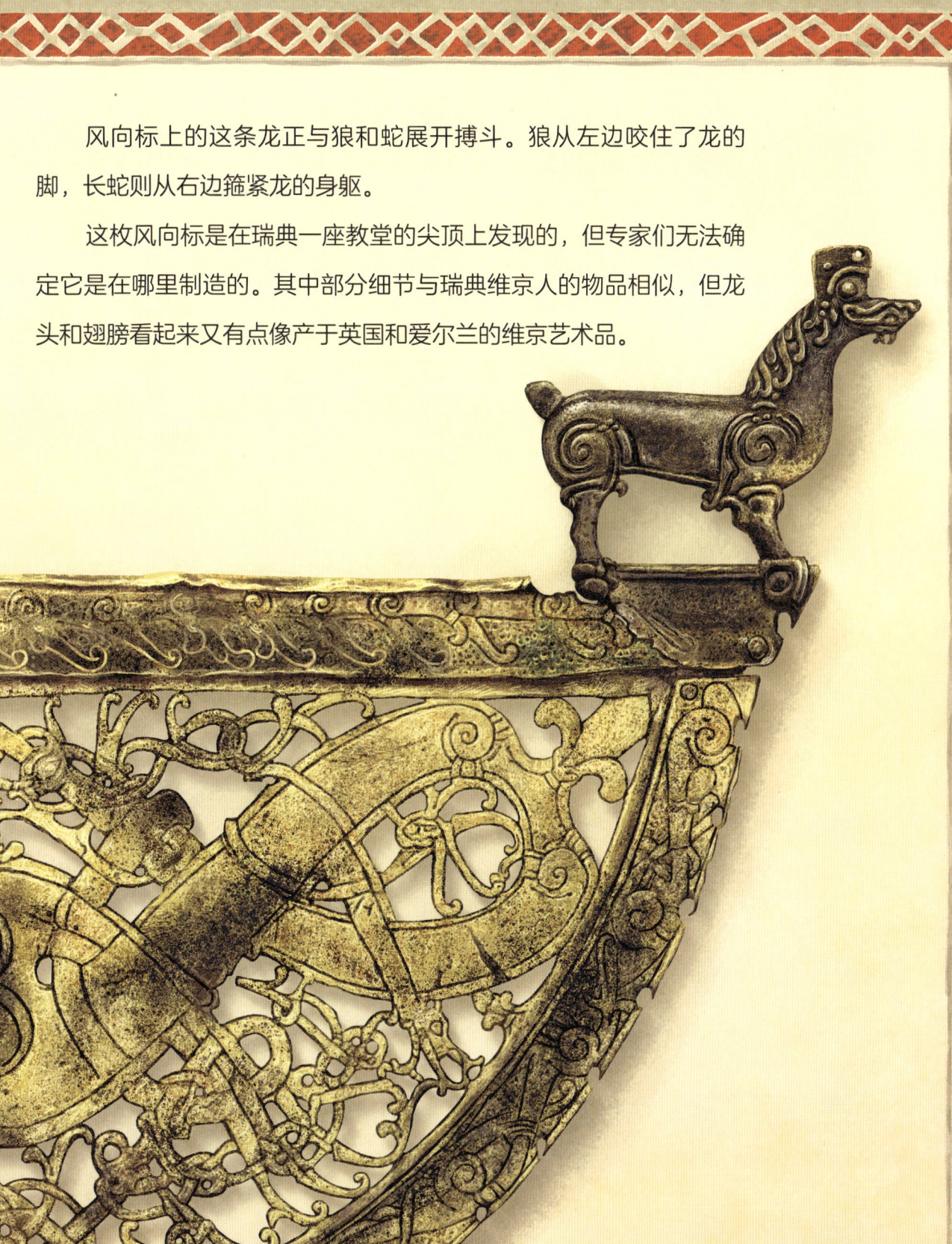

墓碑石

斯堪的纳维亚半岛的维京人坟墓多为无碑墓。这块石碑是从英国出土的，墓碑在英国十分常见。当维京人去到新的地方生活，他们便会接受当地人的习俗和信仰。

石碑上的设计风格被称为林格里克，其特点是绘有神兽和卷曲的绿植。人们几乎从未在斯堪的纳维亚半岛以外的地方看到过林格里克风格，因此这块石碑的发现可谓非同寻常。

这座石碑是由一位石匠大师雕刻的，大概是为了纪念埋葬在伦敦的一位来自斯堪的纳维亚的达官贵人。

石碑侧面刻着"金纳与托基立此碑"的字样，坟主有可能是金纳的丈夫、托基的父亲。

有些考古学家认为，石碑上雕刻的是一头狮子和一条蛇，也有人认为，那只是神王奥丁的八足神马斯雷普尼尔，不过绝大多数意见认为，它是维京传说中好几种不同神兽的混合体。

碑的表面还发现了红色、白色和黑色的油漆痕迹，说明这块碑石最初绘有鲜艳的颜色。

小档案

出土于：英国伦敦的圣保罗大教堂
现藏于：英国伦敦的伦敦博物馆
年　代：约公元1030年
材　质：石灰石、油漆
尺　寸：高47厘米、宽57厘米、深10厘米

雷神雕像

在这尊雕像中，雷神索尔端坐于宝座之上。索尔是一位强壮的神，他留着长发和浓密的胡子。无论是在战斗中，还是在狂风暴雨里，维京人都会祈求雷神庇佑。

索尔是雷电之神。他的坐骑是一辆由两只山羊牵着的大战车。维京人认为雷声是雷神的战车车轮发出的轰鸣声。

索尔手里握着的是他的魔法锤。他会将这把致命武器投向敌人，也会用它来祝福人们的婚姻与生育。

英语单词"星期四"便是以索尔的名字命名的。在古英语中，星期四意为"雷神之日"。

维京人认为最重要的职责和女神生活在宇宙中一个叫作阿斯加德的地方。雷神的职责是保护阿斯加德，以免遭受巨人及其他可怕怪物的攻击。

索尔戴着铁手套，系着一条魔法腰带。这些神器能助他力量倍增。

这尊雕像是在冰岛发现的。一千多年前，首批维京人来到这个偏远的岛屿，并定居于此。

小档案

出土于：冰岛埃拉兰
现藏于：冰岛雷克雅未克的冰岛国家博物馆
年　代：约公元1000年
材　质：青铜
尺　寸：高6.7厘米

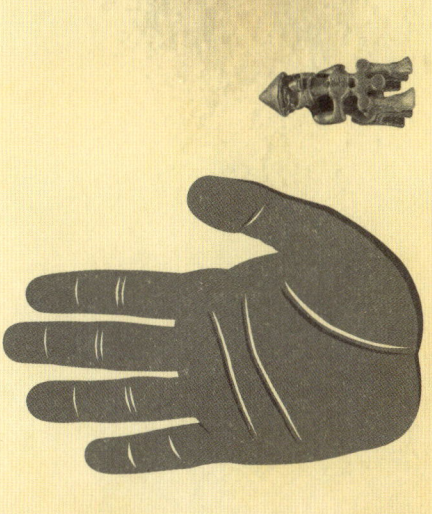

基督十字架吊坠

这枚十字架是由实心纯金打造的。顶部的小环说明它可以作为项链吊坠。十字架的主人可能是一位维京贵族,当他佩戴着挂有这枚吊坠的项链或串珠时,肯定觉得自己神气十足。

十字架上的耶稣是基督教的重要象征。这枚十字架是丹麦有史以来发现的最古老的十字架。它制作于基督教开始取代维京旧宗教的时代。

考古学家用金属探测器扫描这一片区域时,无意中发现了这枚十字架。也许是它的主人在户外散步时,不慎将这枚珍贵的吊坠遗失了。

打造这枚十字架的工匠可谓心灵手巧。十字架的正面是精致的金线和金珠,背面则光滑平整。

人们曾经认为,丹麦国王"蓝牙王"哈拉尔时期的一块著名的符文石是斯堪的纳维亚最古老的基督教物品。但考古学家认为,这枚黄金十字架可能更为久远。

这件文物与在瑞典比尔卡发现的一枚白银十字架非常相似。那一枚出土于一位维京女性的坟墓,两者有可能出自同一位工匠之手。

小档案

出土于: 丹麦阿恩斯列夫
现藏于: 丹麦克尔特明德的莱德比维京博物馆
年　代: 约公元900—950年
材　质: 黄金
尺　寸: 高4厘米

鹿角梳

　　维京人喜欢将头发梳得一丝不苟，无论男女，都喜欢用梳子来打理头发和清除污垢。

　　未婚女性会将长发梳理顺滑，或披肩，或扎成辫子。已婚女性通常在颈后梳个发髻，或把头发扎进两颚后的头饰里。

　　图中的梳子上端是两片鹿角板，尖头的梳齿被铁铆钉固定在两板之间。

　　维京人通常会留着前短后长的发型。公元995年左右的一封英语信件里，曾描述丹麦的维京人如何被自己长长的刘海遮挡住视线！

　　士兵们的腰间不仅佩戴着剑和刀，还带着一把梳子。

　　维京人非常注重自己的仪表。除了梳头，他们还会定期洗头、洗澡和洗手，用金属镊子拔去无用的毛发，用金属签来清洁指甲。

　　制作一把梳子大概需要花费一位手艺人两天时间。有的梳子还刻有纹样、图案或符文字母，或饰以金属铆钉和夹板。

　　梳子是大多数维京人的陪葬品。有时他们还会用一个特制的套子来保护娇贵的梳齿。由此可见，梳子是可以陪伴主人一生的珍贵物品。

小档案

出土于：瑞典乌普兰省阿德尔索比约雪岛
现藏于：瑞典斯德哥尔摩的瑞典历史博物馆
年　代：公元800—1100年
材　质：鹿角、铁
尺　寸：高约3.2厘米、长13.5厘米

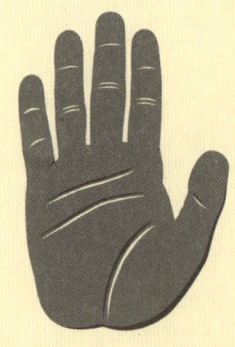
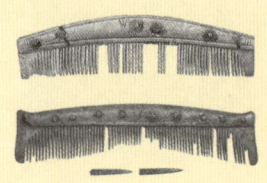

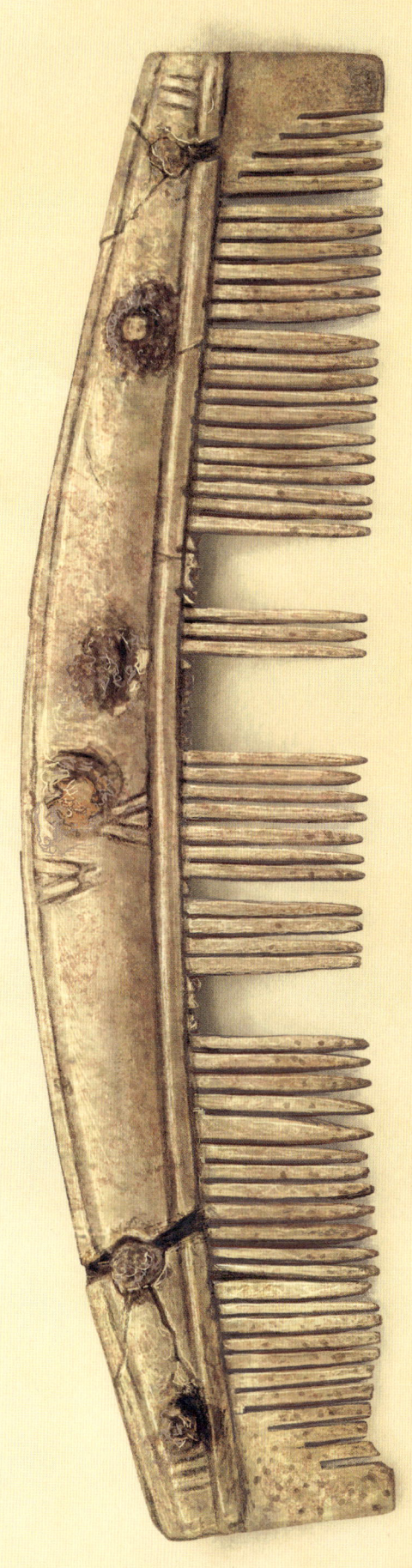
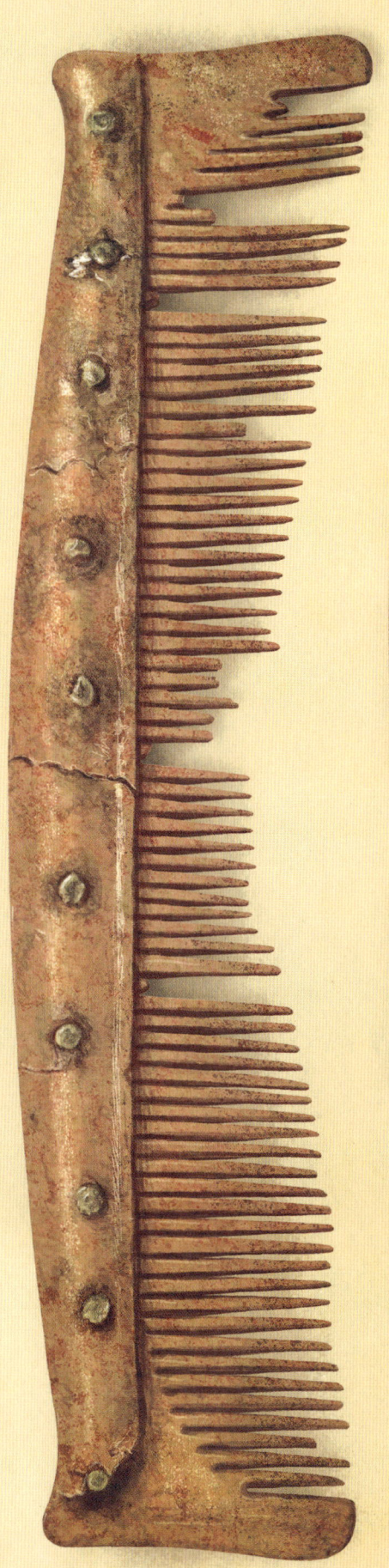

儿童玩具

大约950年前，曾经有一个住在挪威的小孩儿骑着这匹小木马，愉快地玩耍。木马的外形十分简约，它是用一块扁平的木头雕刻而成的。

马匹既可以当坐骑，又可以拉雪橇和马车，因此对于维京人而言至关重要。维京人的陪葬品里往往会有自己生前所用的骑行装备，如马镫或马鞍。有些人甚至连同自己的马一起下葬。

维京的小孩儿不单单会玩儿玩具，他们从小就帮忙打扫卫生、做饭和缝衣服，在户外的田地里辛勤劳作，还会拾柴并帮家里饲养牲口。

儿童的墓葬中还出土了一些微缩物件，像斧头、长矛，等等。这些东西既有可能是孩子们最心爱的玩具，也有可能是用来教授成人格斗技能的工具。

考古学家还发现了维京时代的其他木制玩具，如简单的玩偶、船只和动物等。

小档案

出土于：挪威特隆赫姆
现藏于：挪威特隆赫姆的挪威科技大学博物馆
年　代：约公元1075年
材　质：木材
尺　寸：长12.7厘米

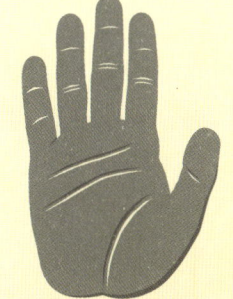

石龙

　　这个模具是维京的金属匠们用来制作龙纹衣扣的。他们将银、铅等金属在火上加热熔化后，倒入模具中待其冷却变硬。

　　类似的模具可以反复使用。制作出来的衣扣可用于系紧衣领或腰身，也可以作为一件吸引眼球的装饰物。

　　模具上雕刻的龙张着血盆大口，里面布满尖牙利齿。它的前额长着一只犄角，颈后有一头卷曲的长鬃毛。这只神兽的形象特别像维京长船船首上所刻的龙头。

　　这个模具是由皂石制成的，皂石质地柔软，易于雕琢。维京人还用皂石来制作其他物件，比如烹饪用的锅。

　　这款模具出土于瑞典比尔卡镇，那里曾经是一座商贸重镇。人们从四面八方汇聚于此做生意，维京的手艺人和珠宝商还在比尔卡镇建立了作坊，并在市场上出售他们的商品。

小档案

出土于： 瑞典比尔卡
现藏于： 瑞典斯德哥尔摩的瑞典历史博物馆
年　代： 约公元850年
材　质： 皂石
尺　寸： 高8.1厘米、宽6.6厘米

咆哮的野兽木雕

这根木桩上所雕刻的神秘生物彰显出维京木雕师惊为天人的技艺。首先他要花费很长时间将木材塑型，然后再雕刻出各种精致的细节。

有些专家认为木桩上的是一只野兽的头，可能是狗或者熊的；另一些专家则认为那是一种神秘的生物，也许是海蛇那梦加得，维京人认为这头怪物可以用它的血盆大口将航船咬碎。

与这根木桩一同出土的还有另外4根木桩，顶部同样刻有神秘生物的头像，它们应该是由不同的木雕师制作的。

在这根木桩上雕刻猛兽既有可能是为了吓退恶灵，也有可能是用它来装饰房屋或宝座，又或者是在宗教仪式上使用。

旋涡状的图案在维京艺术品和工艺品上十分常见，这种图案风格被称为奥塞贝格风格，是以发现这件雕刻品的墓葬船的名字来命名的。

这根木桩由坚硬的枫木制成，因此要雕刻成型并非易事。

为了将木桩雕刻成一个头部模型，木雕艺人用到的工具估计包括刻刀、锉子、锉刀等。

枫木在斯堪的纳维亚半岛随处可见，是维京人常用的原材料。人们用它来建房、造船，制作盾牌、家具，织布机和餐具等日常用品。

小档案

出土于：挪威滕斯贝格附近的奥塞贝号船葬
现藏于：挪威奥斯陆的维京船博物馆
年　代：约公元820年
材　质：枫木
尺　寸：高50厘米

维京无名氏头像

这副男性面孔看起来个性十足，但没人知道他到底是谁。维京人在石头和木头上刻字，却没有书面记录，因此我们很难将维京艺术品中的人物对号入座。

图中的银制头像是一枚项链吊坠，顶部有用来穿项链的环。它既有可能是个幸运符，也有可能是用来吓退敌人的。

人物的头盔上装饰着一只鸟。鸟喙向下指着人物的鼻子，鸟的翅膀则向下延伸到头盔的两侧。

维京艺术品所赞颂的一般是达官贵人。只有那些有钱有势的首领才有资格戴金属头盔，这个戴头盔的脸谱刻画的或许是一名战士，或许是一位维京神祇。

小档案

出土于： 瑞典东约特兰省阿斯卡
现藏于： 瑞典斯德哥尔摩的瑞典历史博物馆
年　代： 公元800—1100年
材　质： 银
尺　寸： 高约3.1厘米、宽约1.6厘米

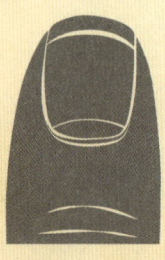 

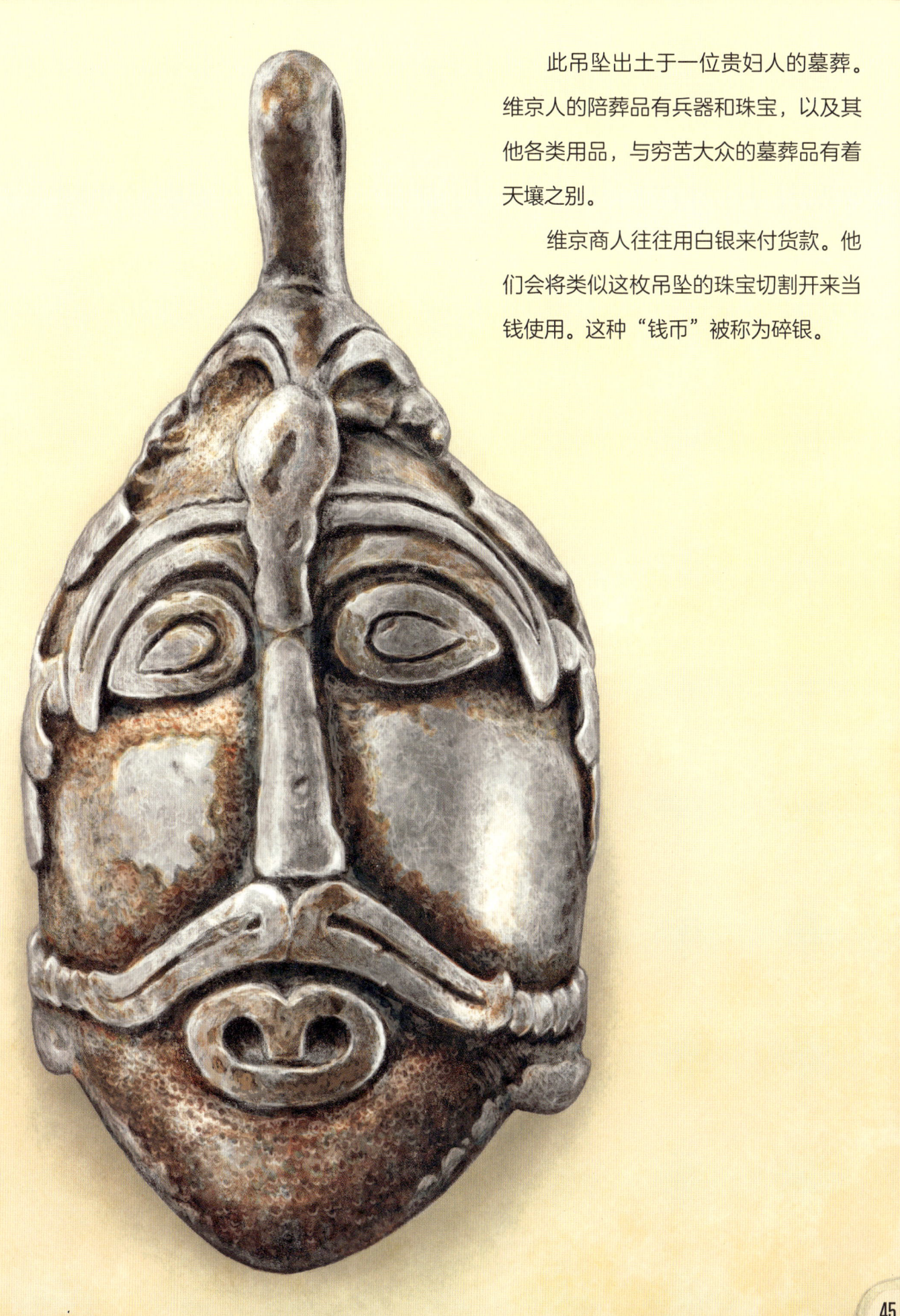

此吊坠出土于一位贵妇人的墓葬。维京人的陪葬品有兵器和珠宝，以及其他各类用品，与穷苦大众的墓葬品有着天壤之别。

维京商人往往用白银来付货款。他们会将类似这枚吊坠的珠宝切割开来当钱使用。这种"钱币"被称为碎银。

首领的织物

这件重绣丝绸是在一位维京首领的墓葬中发现的。织物原本很长,图中这段接近末尾的部分。它估计是斗篷的系带,流苏部分可以垂在身前。

与它一同出土的还有一件束腰外衣和一件毛皮衬里的披风。衣物破损情况严重,但还是可以看得出它们曾经是华美的衣裳,上面饰有豹子、飞鸟、树叶和人脸。

这件织物是由一位专业人士制作的。棕色丝绸的边缘有金色刺绣,昂贵的用料说明披风的主人相当富有,在维京社会里地位较高。

为家人缝制衣物是维京妇女的职责。大多数人穿戴的都是用羊毛、亚麻或兽皮制成的衣物。人们用纺锤造线,用织机织线为布。

除了披风外,大部分维京人还会穿羊毛长裤和羊毛束腰长外衣,并用搭扣和胸针固定。

这件织物所用的丝绸有可能来自遥远的城邦君士坦丁堡,即今天的土耳其。为了到达君士坦丁堡,维京商人必须沿着俄罗斯的第聂伯河航行,他们会在陆地拉着船,绕过河水湍急、危险重重的区域。

小档案

出土于:丹麦马门
现藏于:丹麦哥本哈根的丹麦国家博物馆
年　代:公元970—971年
材　质:丝绸、金线
尺　寸:长20.2厘米,宽7.5厘米

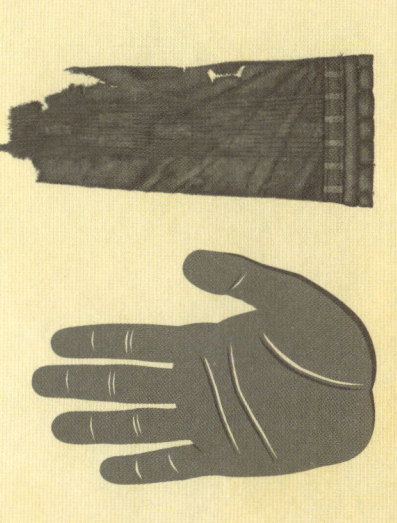

鱼尾项链

维京人喜欢佩戴光彩夺目的珠宝。这条项链上有110颗玻璃珠和19个鱼尾形铜吊坠。

斯堪的纳维亚半岛并不生产玻璃，这些玻璃是维京商人从西欧，以及伊斯坦布尔和耶路撒冷等东部城市带回来的。有时他们会采购破损的玻璃器皿回来，熔化后做成其他物品，比如图中的玻璃珠。

通常女性才会佩戴玻璃珠。这条项链是在一位女性的墓葬中发现的，说明它必定是一件珍贵的财产。

小档案

出土于： 瑞典哥德兰格特林博诺尔克维
现藏于： 瑞典斯德哥尔摩的瑞典历史博物馆
年　代： 公元800—1100年
材　质： 玻璃、青铜
尺　寸： 宽23厘米、高14.5厘米

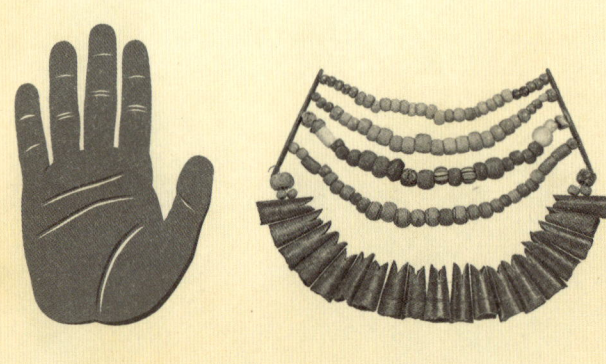

维京人将玻璃在熔炉中加热熔化，再用一根叫作芯棒的特制模棒形塑出玻璃珠。将不同颜色的玻璃熔合在一起可以做成彩色玻璃珠，珠子制成后还可以添加图案。

这条项链是在波罗的海的哥特兰岛上发现的。在哥特兰，有的珠子是由海百合和珊瑚化石制成的。白色珠子的原料也可以是贝壳，比如牛贝壳。

幸运符戒指

这枚银戒上悬挂着5个闪闪发光的护身符或者说是幸运符。戒指重见天日后，考古专家对这个物件进行了清理，使其重新像在维京时代那般闪闪发光。

佩戴这些护身符估计是为了得到庇佑和带来好运。戒指的主人也许是一位战士，祈求在战斗中获得力量；也许是一位商人，祈祷商事旅途平安，生意兴隆。

最左边的小符咒是一个钢制的点火器。在维京时代，人们通过将钢与燧石互相碰撞产生的火花来取火。

底部较大的符咒是一把剑的微缩模型。对于维京人而言，剑是权威、力量与勇敢的重要象征。

维京手艺人制作了不少类似的微缩物品，包括兵器、动物模型，甚至还有家具。它们既可以作为吊坠挂在脖子上，也可以作为胸针别在衣服上。

这枚戒指上的3个直条状的幸运符代表了沃尔瓦的魔杖。维京人认为沃尔瓦是女巫，她有能力预见未来。古诺尔斯语中，"völva"的意思是"手持魔杖的人"。

小档案

出土于： 瑞典厄兰岛科平
现藏于： 瑞典斯德哥尔摩的瑞典历史博物馆
年　代： 公元793—1066年
材　质： 白银
尺　寸： 高4.9厘米、宽1.8厘米

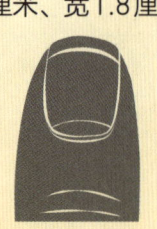
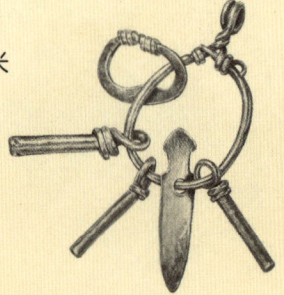

刻有铭文的宝剑

维京人最珍视的武器就是他们的宝剑，不过只有那些特别富有的战士才能拥有这样一把好看的剑：华丽的剑柄上装饰着贵重的黄金和白银。

这把宝剑出土于一座极其宏伟的陵墓。墓的周围有4个立柱基坑，表明这座陵墓原来还有盖顶，也表明埋葬于此的人物地位非凡。

剑柄顶部有一只金色的小手，手里握着一个基督十字架。顶部两个"X"符号可能代表了希腊语单词"Xristos"，意为"基督"。这把剑是在维京人不再信仰古老的神祇和女神、转而皈依基督教的时期锻造的。

铁质的长剑剑锋早已生锈，刀尖也不复存在。刀片上还粘着一些皮革和木头的碎屑，估计是从剑的保护套或剑鞘上脱落下来的。

为彰显宝剑的威力与锋利，维京人会给它们起一个响当当的名字，比如"烈焰战"，还有"足凡愁"。

从挪威出土时，宝剑旁边还有一枚来自英国的银币。宝剑曾跟随主人在英格兰为维京国王克努特而战。

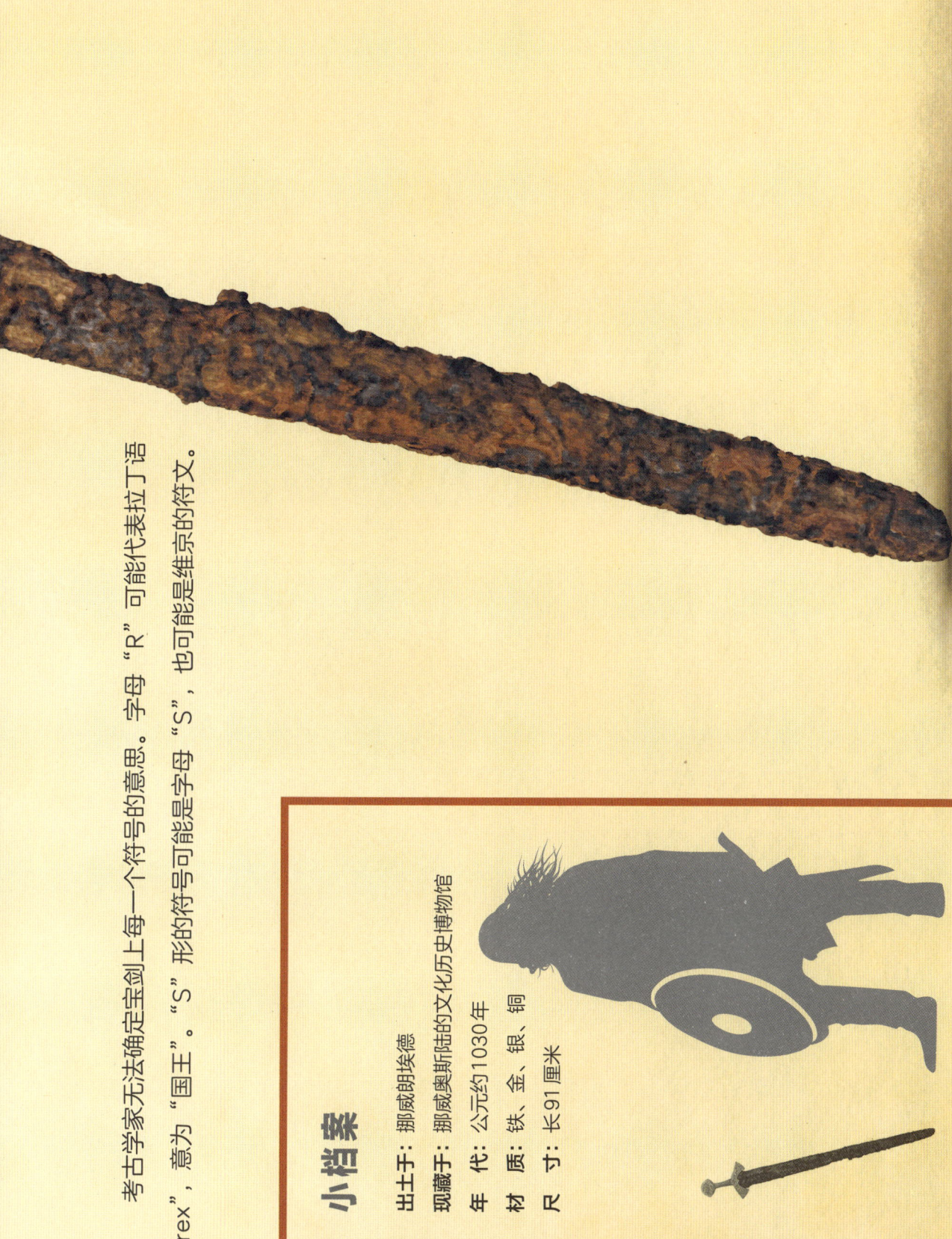

考古学家无法确定宝剑上每一个符号的意思。字母"R"可能代表拉丁语"rex",意为"国王"。"S"形的符号可能是字母"S",也可能是维京的符文。

小档案

出土于:挪威朗埃德
现藏于:挪威奥斯陆的文化历史博物馆
年　代:公元约1030年
材　质:铁、金、银、铜
尺　寸:长91厘米

银器宝库

图中的银币来自一座埋藏上千年的宝库。也许这些钱币是给众神的祭品，宝库的主人大概是想保全这些钱币。

其中一些硬币已经被切碎。在维京时代，硬币的价值基本上取决于其重量。硬币及其他银器被切成更小块后，依然可以用于交易。

宝库中出土的硬币有一部分来自斯堪的纳维亚半岛，但大多为其他国家所铸造，譬如德国和英国，主要来自与斯堪的纳维亚半岛以东地区所进行的贸易，诸如出售皮毛、猎物等商品。

小档案

出土于： 瑞典翁厄曼兰省博特奥乌德龙
现藏于： 瑞典斯德哥尔摩的瑞典历史博物馆
年　代： 公元800—1100年
材　质： 银
尺　寸： 宽1.8~2厘米、重0.8~2克

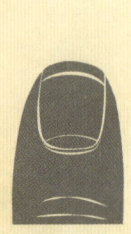

这类硬币为我们提供了有价值的信息。上面的纹案和铭文有助于专家确定宝库中其他出土文物的年代。

这座宝库里总共有1695枚硬币，还有一只漂亮的手镯和一些碎银。

1999年，在瑞典的哥特兰岛上发现了两座相邻的银器宝库，加起来共有14000多枚硬币和500多枚戒指，这是有史以来发现的规模最大的维京银器宝库。

雪地靴

在挪威著名的奥塞贝格号船葬中发现了一双靴子,图中的这只为其中之一。船上葬了两名女性,靴子可能属于她们其中一人。

靴子的缝合处在鞋内侧,因此表面看起来很光滑。皮革由内而外缝合在一起,然后再翻转过来。

设计这种靴子是为了使脚部在冰天雪地中仍能保持温暖。

皮靴和皮鞋通常由山羊皮或小牛皮制成。人们还会用皮革来制作各种日常用品,如背包、钱包、皮带、马鞍和缰绳等。

冬天,维京人穿上用布织成的毛线袜,从小腿一直包裹到膝盖。

小档案

出土于:挪威滕斯贝格附近的奥塞贝格号船葬
现藏于:挪威奥斯陆的维京船博物馆
年 代:公元834年
材 质:皮革
尺 寸:长24厘米

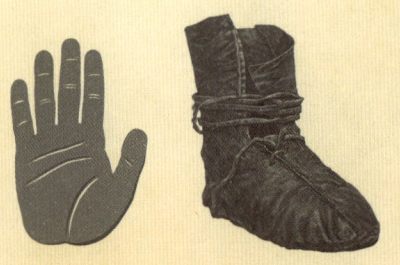

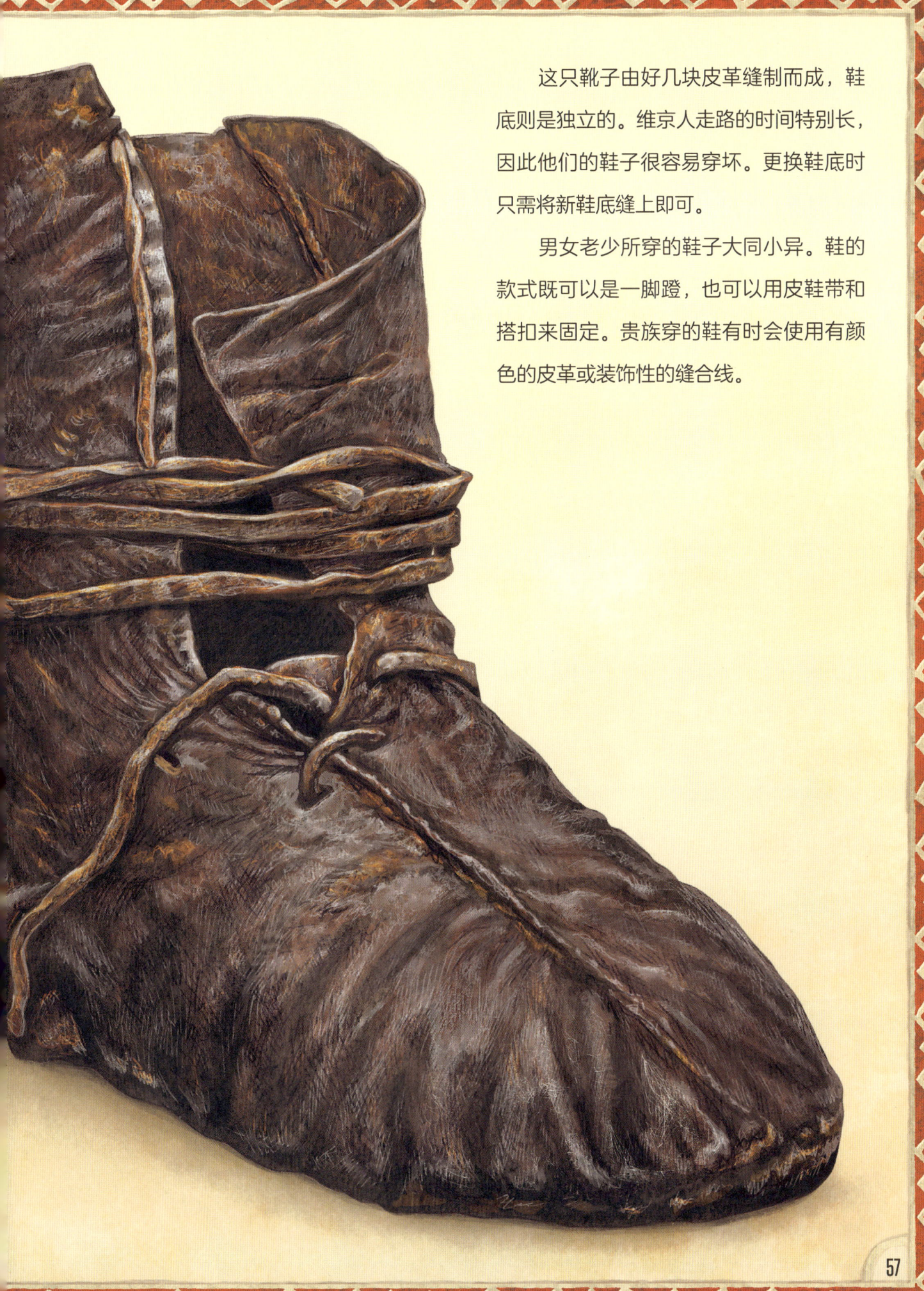

这只靴子由好几块皮革缝制而成，鞋底则是独立的。维京人走路的时间特别长，因此他们的鞋子很容易穿坏。更换鞋底时只需将新鞋底缝上即可。

男女老少所穿的鞋子大同小异。鞋的款式既可以是一脚蹬，也可以用皮鞋带和搭扣来固定。贵族穿的鞋有时会使用有颜色的皮革或装饰性的缝合线。

国王的杯子

这只小小的银杯上，盘绕着各种神奇的动物。动物们蜷曲的身躯上饰有珠形图案。类似的维京艺术风格被称为杰林风格，是以发现这只杯子的地方来命名的。

这只精美的杯子是在一位维京贵族的墓室中发现的，墓主可能是国王戈尔姆和他的妻子。这座王陵曾在维京时代遭遇盗墓贼，因此当人们在1920年将它重新打开时，出土的文物寥寥无几。

戈尔姆国王也许曾在宴席上用这只特制的杯子喝过水。维京人无论贫富，都会举办宴会庆祝宗教节日、夏至及丰收季的到来。音乐家会为宾客们演奏，北地吟游诗人则讲述着激动人心的故事。

维京人爱喝大麦和啤酒花制作的啤酒，以及蜂蜜酿制的蜜酒。维京贵族还会使用贵重的欧洲水晶杯来品味葡萄酒和各种饮料。

戈尔姆国王的遗体本来与这只杯子一同下葬，其后被移走。考古学家认为，是戈尔姆的儿子"蓝牙王"哈拉尔将他的父亲重新埋葬在一座教堂底下。哈拉尔在位期间皈依了基督教，因而希望能给父亲办一个基督教式的葬礼。

小档案

出土于： 丹麦日德兰半岛杰林
现藏于： 丹麦哥本哈根的丹麦国家博物馆
年　代： 公元958年
材　质： 白银、镀金
尺　寸： 高4.3厘米

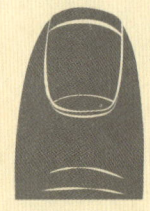

墓碑上的武士雕像

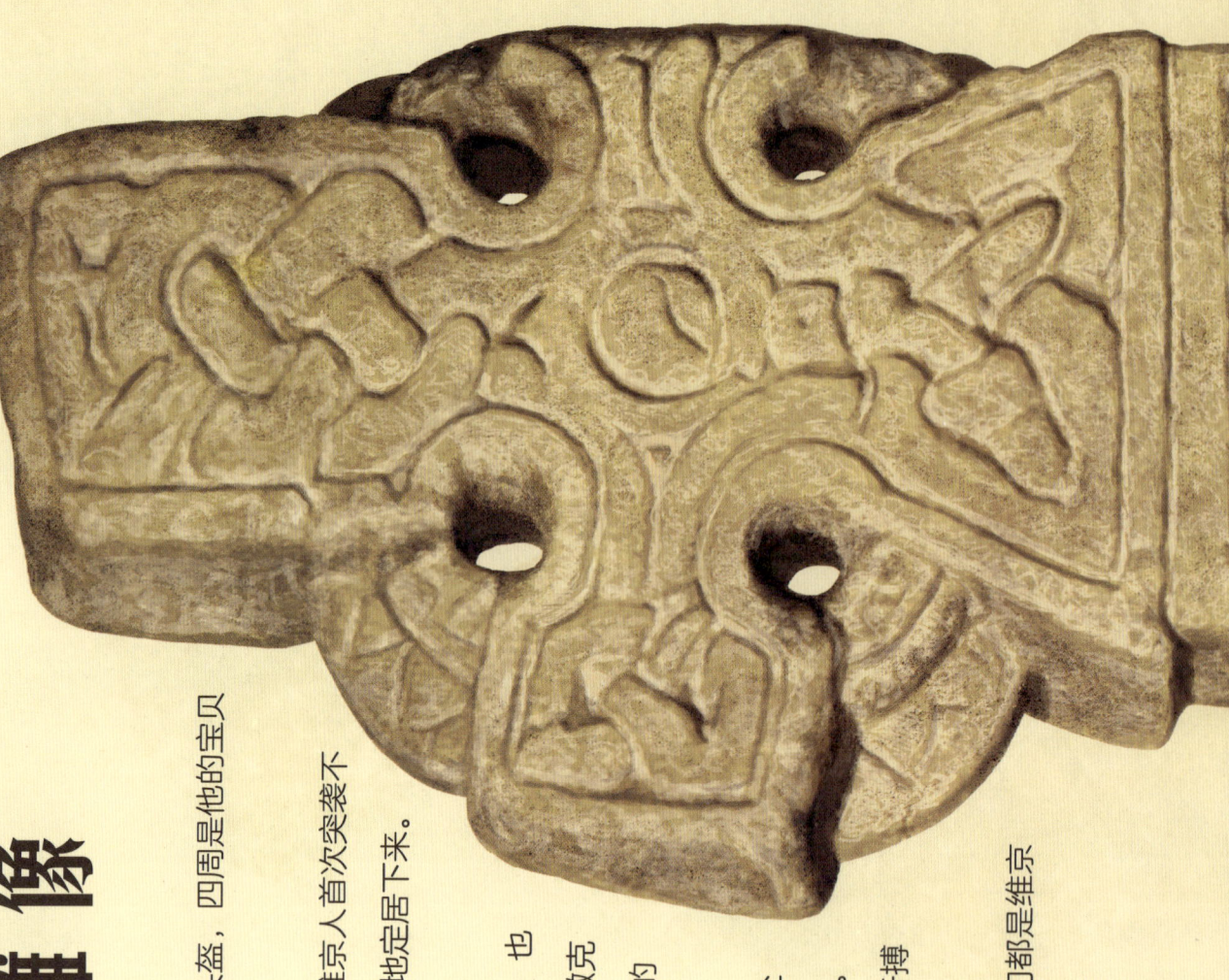

图中这位强大的武士首领正襟危坐。他戴着尖顶头盔，四周是他的宝贝兵器。

这块墓碑是在英格兰北部发现的。公元793年，维京人首次袭击不列颠群岛。自那时起，维京海盗和商人逐渐在英格兰各地定居下来。

这块石碑很有可能是为当地的领主或地主而立的。

碑上的十字架不仅显示了这位领主或地主的权威，也让我们了解到当年维京的基督教徒迅速在以盎格鲁－撒克逊人为主的英格兰各处定居，成为当地的领主和地主的情形。

这位武士右手握着一支长矛。轻型长矛可以从远处向敌人投掷；重型长矛上有一副宽刃，可用于近身搏斗。

战士的腰间系着一把撒克逊刀。这种刀具既能用于搏斗，又能用来狩猎。

十字架背面刻了一只象征着龙或是蛇的动物，它们都是维京神话中十分常见的动物。

小档案

出土于：英国米德尔顿
现藏于：英国米德尔顿的圣安德鲁斯教堂
年　代：公元876—954年
材　质：石头
尺　寸：106厘米

宴会用壶

图中的壶出土于一座贵妇的墓葬。维京人认为，他们在离开人世后还会用得上这类有价值的物品。

如今呈深色的壶曾一度被打磨得闪闪发亮，这有可能是因为，壶的表面原先是用能反射光线的锡箔条来装饰的。

这种样子的壶被称为塔廷壶。塔廷是位于德国的一个村庄，类似的陶器首次在这里出土。考古学家在维京贵族的坟墓里发现了好几只类似的壶。

图中的壶应该是在宴会上用来装葡萄酒的，它看起来价值不菲。

与图片类似的壶有时会用锡箔十字架来装饰。有些专家认为它们是在基督教的圣餐仪式中使用的。

维京时代制作的绝大多数斯堪的纳维亚陶器都不如这个陶壶精致。工匠们将黏土层层塑型和抛光，制作出锅、碗、罐等。在维京时代后期，他们开始使用转盘来塑造更华丽的陶器。

小档案

出土于： 瑞典乌普兰省阿德尔索比约雪岛
现藏于： 瑞典斯德哥尔摩的瑞典历史博物馆
年　代： 公元800—1100年
材　质： 陶瓷
尺　寸： 高24厘米、宽18厘米

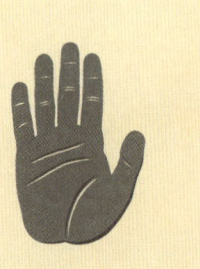

青铜钥匙

在维京时代，钥匙是一种身份和责任的象征。这把精致小巧的钥匙有可能是用来打开首饰盒的。人们用盒子给贵重物品上锁，比如珠宝或硬币。

女性的墓葬出土过不少维京时代的钥匙。女性一般会负责保管家中的钥匙，她们经常把钥匙别在腰间。

偷窃在维京时代是一种严重的罪行。盗窃嫌疑人必须接受测试，比如从滚烫的开水中把石头拿出来。维京人相信上帝会帮助那些无辜的人，真正有罪的人是无法通过测试的。

大多数维京家庭都拥有上锁的大木箱或是盒子，用于存放贵重物品。大木箱还可以贮存床上用品、衣服和工具。

小档案

出土于：瑞典斯科内博比
现藏于：瑞典斯德哥尔摩的瑞典历史博物馆
年　代：公元793—1066年
材　质：青铜
尺　寸：长6厘米

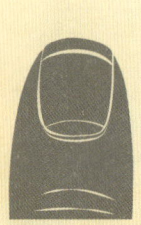 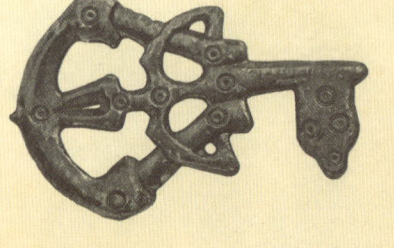

这把钥匙是一位熟手金属匠用黄铜、青铜及黄金等贵金属铸造的。除了贵重的珠宝外，他还懂得制作各种日常用品，如搭扣和钥匙。

　　一首名为《里格颂歌》的古诺尔斯语诗歌描述了这样一个维京家庭：丈夫是一名木匠，妻子负责做衣服，俩人的儿子是农民。诗歌中提到他们的儿媳妇身穿山羊皮衣，戴着一串钥匙。

盒形胸针

这枚闪闪发光的胸针为一位维京贵妇所有，它可以用来将斗篷系在下巴下方。维京人无论男女，都会披斗篷取暖。

图中这款胸针被称为盒形胸针。它外形像鼓，可以当小容器使用。

维京妇女所佩戴的胸针款式多样。她们通常佩戴两枚椭圆形胸针，一边肩膀上一枚，她们像套围裙一样将"外裙"套在较长的"内裙"上，椭圆形胸针可以撑起外裙。

男人们则用一枚胸针把斗篷系在一边的肩膀上。

右撇子一般会选择右肩敞开，这样持剑的手臂就可以一直自由活动。

在维京世界，类似的椭圆形胸针相当受欢迎。其他款式的胸针只出土于某些地区。这款盒子外形的胸针在瑞典哥德兰岛上比较流行。

只有维京富人才能戴得起金和银制的胸针。铜和铅制的则是性价比更高的选择。

小档案

出土于： 瑞典哥德兰岛
现藏于： 瑞典斯德哥尔摩的瑞典历史博物馆
年　代： 公元1000—1100年
材　质： 青铜、白银、黄金、乌金
尺　寸： 宽7.5厘米

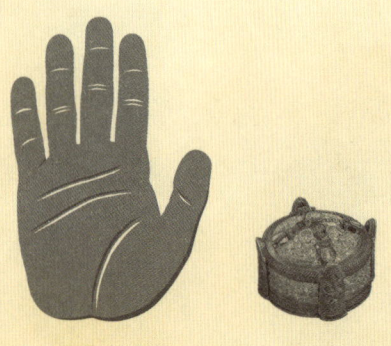

商人的砝码

维京的商人用这些砝码及一把天平秤给白银和硬币称重,这有助于确保交易公平公正。

他们售卖木材、皮毛、铁和海象象牙等货物,再从不列颠群岛换回小麦,从地中海换回陶器和葡萄酒,从今土耳其、伊拉克地区换回丝绸和香料。

直到10世纪末,维京人才开始自己铸币。在此之前,他们购买其他国家的商品时,用的是从银质珠宝上切割下来的碎银。维京商人通过称重来确定每块碎银值多少钱。

小档案

出土于:英国约克郡
现藏于:英国伦敦的大英博物馆
年　代:约公元865—900年
材　质:铅
尺　寸:高0.6~1.4厘米、重2.58克

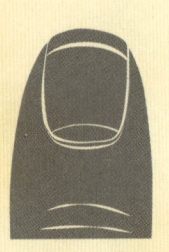

砝码上印有类似骰子上的小圆点，这样商人就能知道不同碎银的重量。

天平秤有两个小盘，分别挂在秤杆的两端。商人可以把银子放在一个盘里称重，再将砝码加入另一个盘中，直到两边达到平衡。

有一部分城镇成为维京人的重要贸易中心，当中包括瑞典的比尔卡、德国的海德堡、英国的约克郡及今乌克兰的基辅。这些地方的大量考古发现令考古学家兴奋不已。

金色女神

这尊闪闪发光的雕像是在丹麦的田野中出土的。这一发现令人振奋，因为它使我们对维京妇女的服装和珠宝有了更进一步的认识。

这位女士穿着一件及踝长袖连衣裙。这件长袍设计了相当多的细节，还有各种不同的图案，包括零散的线条和纹路、凸起的方形和冲压的圆形。

她的头发朝后脑勺梳成一个一丝不苟的发髻。发髻与耳朵之间的洞说明这尊雕像可以当吊坠佩戴。

手摆放的位置暗示她有可能是名孕妇。有专家认为，她代表了维京神话中的生育女神弗雷娅。

在维京神话中，弗雷娅穿的是一件由猎鹰羽毛制成的斗篷。

雕像脖子上戴着一条项链，一个个圆圈有可能是金链条上的环，也可能是琥珀或玻璃珠。

70

佩戴这种项链是财富与地位的象征。

这个女性人像的身体是平面的,但她的头部是圆形立体的。这一点极不寻常,因为这时期大多数雕像都是全平的。女人的双手之间有一枚饰针。类似的饰针以前也曾出土过,但通常是胸针。这尊雕像告诉我们,饰针也可以用来装饰腰部,比如扣在腰带上。

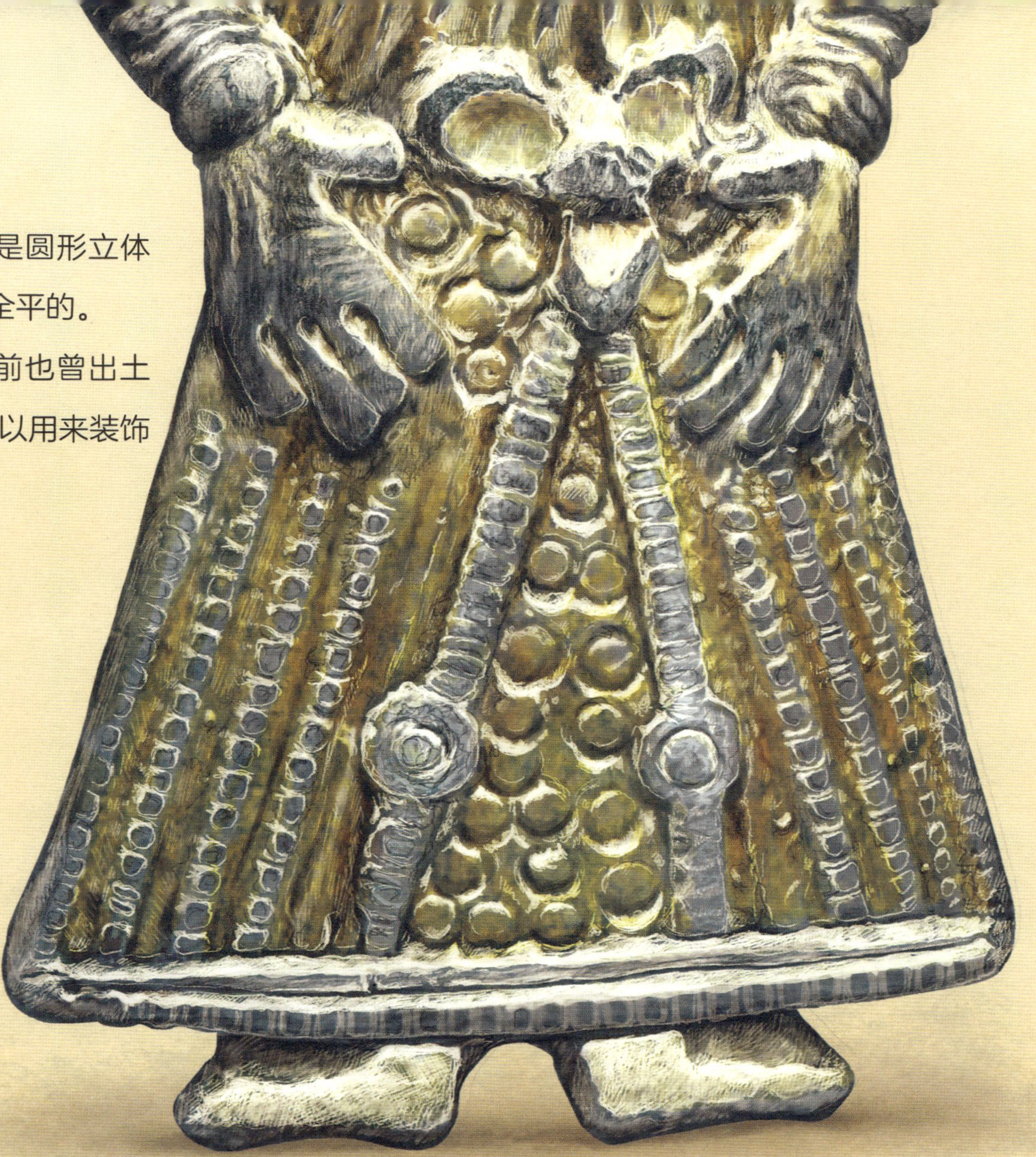

小档案

出土于：丹麦雷乌宁厄
现藏于：丹麦克尔特明德的赖德比维京博物馆
年　代：约公元800年
材　质：银、金
尺　寸：高4.6厘米

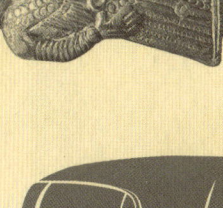
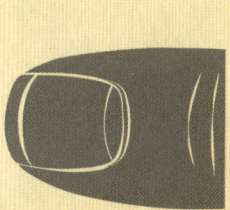

墓葬中的雪橇

这辆雪橇是在奥塞贝格号船葬上发现的。船上的出土墓葬相当丰富，里面有两副维京妇人的骸骨及大量奇珍异宝。

这辆装饰华丽、细节丰富的木雪橇并非日常使用，而是为仪式庆典等制作的。

雪橇是冬季穿越冰天雪地运送货物的最佳工具。在夏天长途跋涉更加困难重重。马车的载重不及雪橇，穿越河流和湖泊时面临的状况更为复杂。

大型雪橇依靠马匹拉动。马蹄上打了铁钉，以防在结冰的路面打滑。

雪橇的木头上还发现了黑色和红色油漆的痕迹。可以想见，在维京年代，上了漆的雪橇在皑皑白雪的映衬下是多么的明亮多彩。

除了雪橇外，维京人在冬天还依靠滑雪板和冰鞋出行。他们的冰鞋是将马的骨头绑在皮靴鞋底下制成的。

小档案

出土于：挪威滕斯贝格附近的奥塞贝格号船葬
现藏于：挪威奥斯陆的维京船博物馆
年　代：约公元834年
材　质：山毛榉、铁、锡
尺　寸：长225厘米、高45厘米、宽58~78厘米

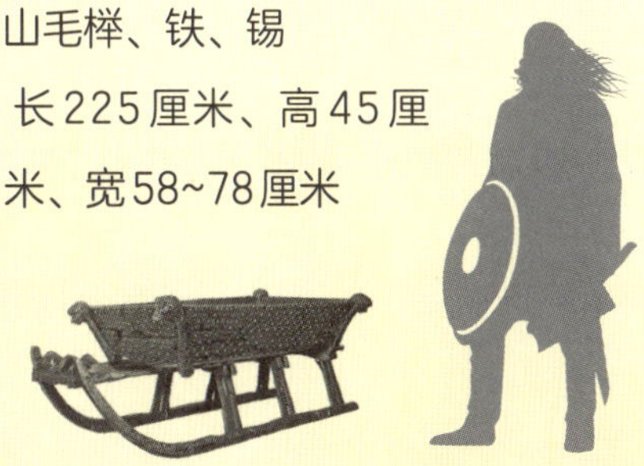

众神之王雕像

许多专家认为，这尊坐像所雕刻的是维京神话中的众神之王奥丁。奥丁既是战神和智慧之神，也是一位勇士。他法力无边，可以化身为任何人和动物。

奥丁坐在赋予他神力的至高王座上，从那里可以看见维京世界的每一个角落。

宝座上有两只鸟，应该是奥丁养的乌鸦福金和雾尼，这两个名字的意思分别是"思想"和"记忆"。每天，奥丁都会将两只乌鸦放飞出去，听它们汇报在外面的所见所闻。

奥丁身后的两个兽首有可能是他的两头狼基利和库力奇。无论奥丁走到哪里，这些忠心耿耿的野兽都会伴随在它们的主人身边。

在有些传说中，奥丁有一只明亮的眼睛。他用另一只眼换取了智慧的天赋。

这尊人像穿着长袍和罩裙，戴着4串珠链，令某些专家认为这是尊女性雕像。也有人认为，奥丁可以穿上女性的服饰。还有一种可能，它是奥丁的妻子弗丽嘉，即生育女神弗雷娅。

小档案

出土于： 丹麦西兰岛莱尔附近
现藏于： 丹麦罗斯基勒的罗斯基勒博物馆
年　代： 约公元900年
材　质： 银
尺　寸： 高1.75厘米、宽2厘米、厚1.25厘米

前往英灵殿的坐骑

在这块石头的上部，可以看到奥丁的坐骑斯雷普尼尔。奥丁会骑着这匹八足神骏穿过陆地、海洋与天空。在这一幕中，斯雷普尼尔也许正载着一个人前往维京人的亡灵之地英灵殿。

维京人及其祖先制作这种装饰性石头，是为了赞颂英勇的战士与光荣的战斗。他们将石头放置在公众场合供人们欣赏。石头上刻有纹样及被称为符文的字母。

高大的马匹前站着一名女武神。她正举起鹿角杯，向马匹上的人致意。女武神将阵亡战士的灵魂带到英灵殿。每天晚上，奥丁都会在英灵殿内宏伟的宴会厅里与牺牲的战士们共享盛宴。

这块石头来自瑞典的哥特兰岛，那里大概出土了450多块类似的石头。它们曾经颜色鲜艳，因年代久远而褪色。

刻画在石头底部的船上挤满了全副武装的战士。这艘船有一张长方形的大帆。维京时代的船帆没有一副能保存至今，因此考古学家只能从这块石刻图上获取所需信息。

石头两侧自上而下刻有符文。这些文字告诉人们，这块石头是为了纪念在战争中牺牲的战士约鲁夫而建造的，他的名字有"剑狼"的意思。

小档案

出土于： 瑞典哥特兰特扬维德
现藏于： 瑞典斯德哥尔摩的瑞典历史博物馆
年 代： 公元700—800年
材 质： 石灰石
尺 寸： 高1.74米

首领的斧头

这把巨大的斧头是维京时代出土的文物中最让人叹为观止的。这把斧头是在一座装饰华丽的墓葬中发现的。墓主身着名贵服饰,他的棺材上放着一支巨大的蜡烛。斧头的主人有可能是一位地位显赫的维京贵族,斧头恰恰证明他很有威望。

维京人用斧头来造船、建房和制作马车。打仗时,斧头还是致命的武器。小型的斧头可以扔向敌人,大型的斧头则用于你死我活的肉搏战。

这把斧头如此精美,不太可能被用作武器。上面细致的旋涡状纹路是用银丝制作的。

斧头上雕刻的这棵大白蜡树有可能是"世界树"。树的枝叶支撑着维京世界的每

小档案

出土于: 丹麦马门
现藏于: 丹麦哥本哈根的丹麦国家博物馆
年　代: 公元970—971年
材　质: 铁、银、青铜
尺　寸: 长17.5厘米

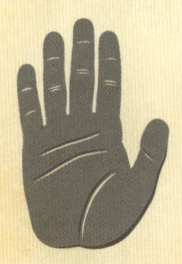

一个部分。树的顶端是众神的家园阿斯加德，树的根部则是冰封的亡灵之地"雾之国"尼福尔海姆。

　　一些考古学家认为，斧头上的符号与基督教有关。他们觉得斧头其中一面的图案也许是来自伊甸园的"生命之树"。这个符号在《圣经》中出现过好几次。

　　斧头的另一面是一只奇鸟，应该是"金冠"公鸡古林肯比。在维京神话中，当"诸神的黄昏"来临之际，金冠公鸡便会开始打鸣。

附录：术语表

英文	中文	出现页码
Adelsö	阿德尔索（瑞典地名）	25、36、62
Ångermanland	翁厄曼兰省	54
Asgard	阿斯加德（阿萨族神域）	32、79
Aska	阿斯卡（瑞典地名）	44
Aunslev	阿恩斯列夫（丹麦地名）	34
Bamberg	班贝格（德国地名）	22
Birka	比尔卡（瑞典地名）	34、40、69
Björkö	比约雪岛（瑞典地名）	25、36、62
boss	"凸头"	10
Boteå	博特奥（瑞典地名）	54
Canute	克努特	52
elk	麋鹿	24
Eyrarland	埃拉兰（冰岛地名）	33
Fenrir	（巨狼）芬里尔	10
file	锉子	43
Freki	库力奇	74
Frey	弗雷	26
Freya	弗雷娅（华纳神族，生育女神）	前言、19、26、70、74
Frigg	弗丽嘉（阿萨神族，奥丁的妻子）	74
Geri	基利	74
Ginna	金纳	30
Gjermundbu	杰尔蒙布（挪威地名）	14
Gorm	戈尔姆	前言、58
Grötlingbo	格特林博（瑞典地名）	48

续表

英文	中文	出现页码
Gullinkambi	"金冠"/古林肯比（音译）	79
Gunnar	贡纳尔	19
Harald Bluetooth	"蓝牙王"哈拉尔	34、58
Hårby	哈比（丹麦地名）	21
Härjedalen	海尔耶达伦（瑞典地名）	17
Haugsbygd	海于格松（挪威地名）	14
Hjorulf	约鲁夫（音译）	76
Hlidskjalf	至高王座	74
hneftfl	板棋	26
Huginn	福金（音译）	74
Jamtli	耶姆特兰（基金会）	17
Jelling	杰林（丹麦地名）	58
Jörmungandr	耶梦加得（音译）	42
Jutland	日德兰半岛	58
Kerteminde	克尔特明德	34、71
Köping	科平	50
Kunigunde	库尼贡德	22
Ladby	莱德比	34
Langeid	朗埃德（挪威地名）	53
Lejre	莱尔（丹麦地名）	74
Loki	洛基（巨人族/阿萨神族，诡计之神）	12
madder	茜草	17
Mammen	马门（丹麦地名）	22、47、78
mandrel	芯棒	49
mead	蜜酒	58
Mjölnir	雷神之锤/妙尔尼尔（音译）	12
Muninn	雾尼（音译）	74
Naglfar	纳吉尔法（音译，古挪威语）	10

续表

英文	中文	出现页码
Nidhogg	尼德霍格	17
niello	乌银	21
Niflheim	"雾之国"尼福尔海姆（音译）	79
Norrkvie	诺尔克维（瑞典地名）	48
Ödeshög	厄德斯赫格市（瑞典地名）	12
Odin	奥丁（阿萨神族，众神之王）	前言、10、20、30、74、76
Öland	厄兰	50
Oseberg	奥塞贝格	8、18、42、43、56、72、73
Östergötland	东约特兰省（瑞典地名）	12、44
Östersund	厄斯特松德（瑞典地名）	17
Överhogdal	厄韦霍达尔（瑞典地名）	17
Ragnarök	拉格纳罗克（音译）	10、16
rasp	锉刀	43
red deer	马鹿	24
reindeer	驯鹿	24
Revninge	雷乌宁厄（丹麦地名）	71
Rigsthula	《里格颂歌》（诗歌名）	65
Ringerike	林格里克	30
Roholte	罗霍尔特（丹麦地名）	26
Roskilde	罗斯基勒（丹麦地名）	74
rune	符文	10、34、36、53、76
seax	撒克逊刀	60
Sjælland	西兰岛（丹麦地名）	74
skalds	北地吟游诗人	58
Skåne	斯科恩（挪威地名）	10
Sleipnir	斯雷普尼尔	30、76
Söderala	瑟德港（瑞典地名）	28

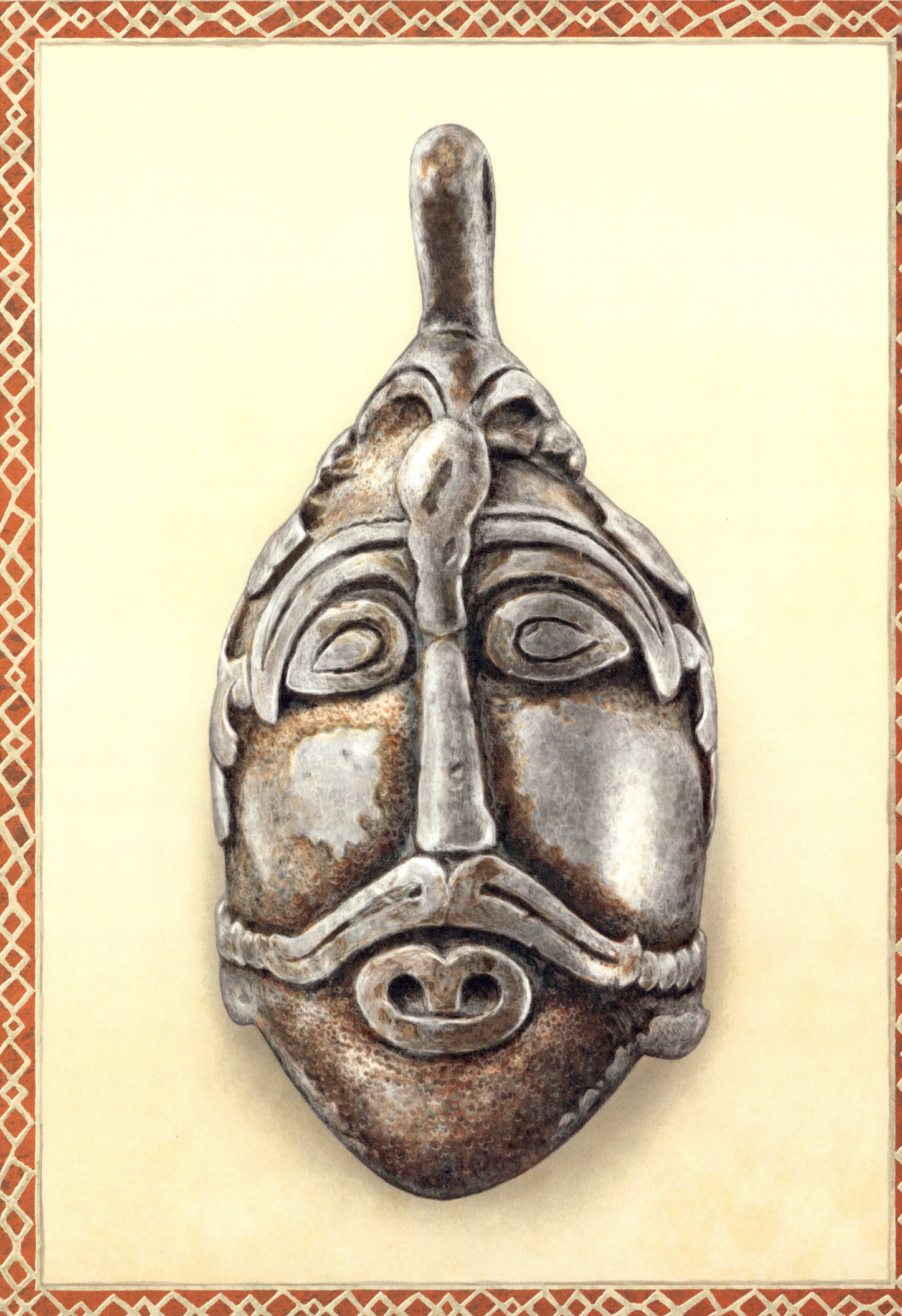

续表

英文	中文	出现页码
Sweyn Forkbeard	"八字胡王"斯韦恩	19
Tating	塔廷（英国地名）	62
Thor	索尔（阿萨神族，雷神）	12、32
Tjängvide	特扬维德（瑞典地名）	76
Toki	托基	30
Tønsberg	滕斯贝格（挪威地名）	8、18、43、56、73
Trondheim	特隆赫姆（挪威地名）	39
Tullstorp	塔尔斯托普（挪威地名）	10
Ulfr	乌尔弗（音译，古挪威语）	10
Undrom	乌德龙（瑞典地名）	54
Uppland	乌普兰省（瑞典地名）	25、36、62
Valhalla	瓦尔哈拉（音译）	20
Valkyries	瓦尔基里（音译）	前言
Viking Ship Museum	维京船博物馆	8、18、43、56、73
völvas	沃尔瓦（音译）	50
weld	黄木樨草	17
woad	菘蓝	17
Yggdrasil	尤克特拉希尔（音译）	16、78